看懂经济数据
学会投资理财

曹明成 谭文 / 著

中国铁道出版社
CHINA RAILWAY PUBLISHING HOUSE

内 容 简 介

马克思曾经说过："经济基础决定上层建筑。"我们要在社会中生活，是离不开物质基础的。娱乐消费先不说，穿衣吃饭，朋友聚会，组建家庭，养育孩子，赡养老人，到处都需要钱。就算你暂时不需要考虑这些，那么想要进修、培训一样离不开资金的支持。所以，我们的生活时刻都离不开金钱。

可是，在现实中有的人富甲一方，而有的人却穷困潦倒。为了过上更加舒适的生活，我们就要想办法聚集更多的财富。本书在介绍各种经济数据及其在经济体系中作用的基础上配以案例讲解，说明经济数据在日常生活中的应用。同时，通过对经济数据的解读和对案例的剖析，帮助读者在储蓄、债券、基金、保险、股票、外汇、期货等不同层面进行投资，以帮助大家建立理财意识，掌握理财方法，指导读者更好地聚集自己的财富。

图书在版编目（CIP）数据

看懂经济数据，学会投资理财 / 曹明成，谭文著. —北京：中国铁道出版社，2017.8

ISBN 978-7-113-22992-4

Ⅰ．①看… Ⅱ．①曹… ②谭… Ⅲ．①私人投资－基本知识 Ⅳ．① F830.59

中国版本图书馆 CIP 数据核字（2017）第 079391 号

书　　名：**看懂经济数据，学会投资理财**
作　　者：曹明成　谭　文　著

责任编辑：张亚慧　　　　　　读者热线电话：010-63560056
责任印制：赵星辰　　　　　　封面设计：MXK DESIGN STUDIO

出版发行：中国铁道出版社（北京市西城区右安门西街 8 号　邮政编码：100054）
印　　刷：三河市兴达印务有限公司
版　　次：2017 年 8 月第 1 版　　2017 年 8 月第 1 次印刷
开　　本：700mm×1000mm　1/16　印张：14　字数：182 千
书　　号：ISBN 978-7-113-22992-4
定　　价：39.80 元

　　经济指标对于宏观经济的调控起着重要的参考作用，是一国政府制定经济政策的主要依据。同时，在现代市场经济迅速发展的背景中，企业的管理者，在进行任何决策时都会受到宏观经济因素的影响，对于我们个人的投资理财活动而言，经济数据的影响也不能避免。

　　宏观经济运行是有规律可循的，如果我们不掌握这些规律，不论是企业的经营活动，还是个人的投资理财，大多不会成功，甚至还会付出沉重的代价。比如，我们在进行股票投资时，需要先看大盘的指数，以判断现在的市场是处于强市还是弱市。若是不顾大势环境，直接进行个股的买卖，一般情况下，我们的投资结果会离投资目标越来越远。

　　这时也许会有人问，到底是哪些经济数据在影响着我们的生活？又是哪些经济数据与我们的生活紧密相连？那些纷繁复杂的经济数据之间又有什么联系？

　　其实，各种各样的经济数据都来源于我们自己的身边，在受到我们生活、消费习惯影响的同时，也无时无刻不在影响着我们的生活和消费。只要我们去认真地学习与研究就会发现，那些看上去晦涩难懂的经济数据也没有我们想象的那样高深莫测。

　　本书正是立足于这一点,试图通过对经济数据的介绍,把读者带入宏观经济的世界中,使读者既掌握这些宏观经济数据的基本知识,又能够依据这些经济数据来预测未来的宏观经济的趋势与国家宏观政策的走向。并学会如何将宏观经济的思维巧妙地运用到自己的投资理财活动当中,以把握财富增值的机遇,减少盲目投资的风险。

　　本书共分为七个章节:分别从 3G 指标、价格指标、增长指标、外贸指标、金融指标、股指数据、杠杆指标等不同的方面,对经济数据进行了介绍。同时,也对如何在这些指标的指导下进行投资理财进行了详细的阐述。

　　此外,为了能够让读者可以轻松地掌握经济数据的内容,在本书的编写过程中,经过几次删改,竭力使本书按照由简单到复杂的顺序,层层深入地讲解了宏观经济数据的含义及其运用方法,以帮助读者真正掌握经济数据的内容。同时,为了使读者能更轻易、熟练地运用经济数据,本书还配用了大量的经典案例,使读者能直观了解经济数据的实际情形。

　　本书在编撰的过程中借鉴了许多专家、学者的观点和方法,参考了大量的文献和资料,同时也得到了广泛读者朋友们的支持。由于时间仓促,难免会有一些错误和纰漏。欢迎读者将宝贵的意见和建议反馈,以便在以后的写作中借鉴使用,邮箱: caomingcheng@yeah.net,QQ: 150610568。

　　感谢"曹明成股票研究室"的实战专家蔡双喜先生、周宏伟先生参与本书部分章节的编写、校稿和制图工作。感谢中国铁道出版社的张亚慧老师为本书策划和编写工作付出的辛勤努力！

曹明成

2017 年 5 月

CONTENTS
目 录

第 6 章 | **股指数据里的理财策略**

第 7 章 | **杠杆指标里的理财妙招**

第 1 章

宏观经济的核心是"3G"

一、此"3G"非彼"3G"

现在若从路上随便拉住一个路人问他何为"3G"，则十有八九得到的答案是"第三代移动通信技术"（英语：3rd-Generation）。而我们在这里所要讲的"3G"则和移动通信技术没有太大的关系，但是和人们的日常经济生活却有着千丝万缕的联系。

一个国家的政府高层在制定宏观经济政策时，一般都要依靠"3G"对国民经济整体运行状况做出判断，而其也经常作为横向比较各国经济发展水平的依据。那么，这神秘的"3G"到底是什么呢？下面我们就一起来揭开这"3G"的神秘面纱。

20 世纪 30 年代世界经济大萧条时，为了满足当时的需要，美国商务部委托诺贝尔经济学奖得主西蒙·库兹涅茨教授开发了一套反映美国整体的经济发展状况的国民经济账户。此后经过修改完善，1953 年联合国向全世界发布了国民经济核算体系（SNA），GNP（国民生产总值）便应运而生了。

之后，由于全球经济一体化的发展，各国经济进一步相互融合，联合国统计司便在 1993 年要求各国在国民收入统计中用 GDP（国内生产总值）代替了 GNP。同时，联合国将 GNP 改称为 GNI（国民总收入）。如此神秘的"3G"就诞生了。美国商务部在 20 世纪末回顾他们的历史成就时，不无自豪地将 GDP 的发明与运用称为"世纪性杰作"。

事实上这样的赞美也并非是夸大其词，若没有"3G"这样的总量指标，政策制定者就会陷入杂乱无章的数字海洋而不知所措，进而无法制定相应的经济政策。接下来就让我们对这么重要的"3G"探个究竟吧！

1. 衡量国家经济状况的 GDP

GDP（国内生产总值）是指一个国家（国界范围内）所有常住单位在一定时期内生产的所有最终产品和服务的市场价格。通俗地说，该指标衡量的是一个国家或地区，在一个年度内创造了多少新增的物质财富。GDP 是国民经济核算的核心指标，也是衡量一个国家或地区总体经济状况的重要经济指标。它不但反映了一个国家的经济表现，还反映了一国的国力。

有关于 GDP 的计算可以从生产、收入、支出三个方面来考察和统计，所以便有了生产法、收入法和支出法这三种核算 GDP 的方法或统计途径。

从生产方面统计，GDP 是各个部门或产业创造的增加值之和。计算方法是：各部门或产业的总产值减去中间消耗因素，即为一国的 GDP 值。我们国家统计局每年都会公布按生产法统计的 GDP，在 2014 年的统计公报中，该年的 GDP 值为 676 708 亿元，按可比价格计算比上年增长 6.9%。第一产业增加值为 60 863 亿元，比上年增长 3.9%；第二产业增加值为 274 278 亿元，增长 6.0%；第三产业增加值为 341 567 亿元，增长 8.3%。

从收入方面统计，GDP 由四部分构成。第一部分是劳动者报酬，这是付给各个行业所有劳动者的工资；第二部分是固定资产折旧，其反映了固定资产在当期生产中的转移价值；第三部分是政府的净税收，体现为所有依法交纳的税额中由政府支配的部分；第四部分是企业盈余，是人们通常所说的企业的盈利部分。

从支出的方面统计，GDP 由三部分构成。第一部分是总消费，包括居民的消费与政府的消费；第二部分是总投资；第三部分是净出口，就是出口减去进口的余额。那么，净出口为什么要计入本国的 GDP 呢？

原因在于，我们把生产的产品销出去卖给外商，他们便要支付相应的对价，进口国的外汇流入出口企业，这样，我们的 GDP 就增加了。反过来讲，我们从别国进口产品，则意味着我们的资金流出，转换成别国的外汇收入，同样增加了别国的 GDP。因此，一国的净出口要计入本国的 GDP 中。

虽然，GDP 是宏观经济中最重要的一个指标数据，但其也不是万能的。近些年来，GDP 受到越来越多学者的质疑，一些统计学者就指出 GDP 的统计中存在着遗漏。像家务劳动、家教、慈善机构的活动，以及自给自足的生产等非市场活动的收入没有计入 GDP 中。经济学者认为，GDP 不衡量效益、效率、质量和实际国民财富。社会学者认为，GDP 不能充分地反映国民的福利享受状况。同样的 GDP，但由于分配结构不同，国民的福利享受状况会呈现很大的差异。生态学者认为，GDP 不衡量社会成本，也不能反映经济增长所付出的代价。GDP 只反映增长，却不能反映资源消耗和环境损失。

针对 GDP 的局限性，近些年许多专家学者提出"绿色 GDP""人文 GDP"的概念。绿色 GDP 是从现行 GDP 中扣除环境资源成本和对环境资源保护的服务费用。人文 GDP 是从现有的 GDP 中扣除资源成本、环境成本，分配是否公平，就业是否充分等因素。不过这些概念正确与否，都得经过实践的检验才能得出结论。

2. 不能忽视的 GNP

GNP（国民生产总值）是指一个国家（或地区）所有国民在一定

时期内新生产的产品和服务价值的总和。GNP 是按国民原则核算的，只要是本国（或地区）的居民，无论其是否在本国境内（或地区内）居住，其生产和经营活动新创造的增加值都应该计算在内。比如，中国的居民通过劳务输出在境外所获得的收入就应该计算在中国的 GNP 中。

GNP 与 GDP 具有相同的作用，两者都用以反映一国或地区当期创造的国民财富的价值总量，都是衡量一国或地区经济规模的最重要的总量指标。通过计算 GNP 增长率或 GDP 增长率，可以衡量一国或地区经济增长速度的快慢；通过计算人均 GNP 或人均 GDP，可以衡量一国或地区经济发达程度，或反映国民收入水平及生活水平的高低。同时，两者在价值构成上均表现为"增加值"。

但是，GNP 与 GDP 的计算口径不同。GDP 计算采用的是"国土原则"，即只要是在本国或该地区范围内生产或创造的价值，无论是外国人还是本国人创造的价值，都计入本国或该地区的 GDP。而 GNP 计算则采用的是"国民原则"，即只要是本国或该地区居民，无论你在本国或该地区内，还是在外国或外地区所生产或创造的价值，均计入本国或该地区的 GNP。

如果一国或地区更为关注 GDP，则表明其较注重本国产业的成熟和发展，而不在乎支撑这些产业发展的是国内企业还是国外企业。如果其更关注 GNP，则表明其不仅重视本国产业的发展，而且应当是本国企业支撑了本国产业的发展。

相对来讲，在开放经济条件下，对一国财富总量的统计，GDP 较优于 GNP。因此，20 世纪 90 年代以前，资本主义世界各国主要侧重采用 GNP 和人均 GNP。但进入 90 年代后，96% 的国家纷纷放弃 GNP 和人均 GNP，而开始重点采用 GDP 和人均 GDP 来衡量经济增长快慢以及经济实力的强弱，并用 GNI（国民总收入）取代 GNP，各国仅对外公布 GDP 与 GNI 数据，GNP 数据已基本不再统计和发布。

国际上一般认为 GNI 就是 GNP。不过由于职能的不同，IMF（国际货币基金组织）仅关注 GDP，以分析世界各国的经济增长情况；而世界银行（World Bank）则既关注 GDP 也关注 GNI（GNP），一定程度上来讲更为关注 GNI（GNP），以分析世界各国的贫富差异。

虽然现在各国都不再公布 GNP 数据，但和 GDP 相比，GNP 更能反映一个国家真实的经济状况。因为首先，GDP 是国土原则，包含了外国公司在本国创造的收入，而这些收入最终要流入他国。

其次，GNP 作为综合经济指标的主要优点还有，它只计算了最终产品的价值，而没有计算中间产品的价值，因而不包括重复计算的部分。

最后，它不仅计入了物质生产部门的增加值，而且也计入了所有服务部门的增加值，因而反映了现代产业结构的变化，反映了教育、科学技术、金融等第三产业在社会经济中的作用。本国要素的收益是本国国民福利的直接体现，而外国要素的收益则是外国国民福利的体现，即使这些要素存在于本国甚至将其收益进行再投资，也没有改变其国民属性。同时，GNP 更能说明本国人民的净收入情况，所以我们要理性地看待我国经济的高速发展，也应重视 GNP 的增长情况。

3. 需要了解的 GNI

GNI（国民总收入）是指一个国家一年内用于生产的各种生产要素所得到的全部收入，即工资、利润、利息和地租的总和。从国民生产净值中扣除间接税和企业转移支付，加上政府补助金，就得到一国生产要素在一定时期内提供生产性服务所得报酬，即工资、利息、租金和利润的总和意义上的国民收入。

1994 年起，各国逐渐用 GNI 取代 GNP 成为其采用的正式统计指标。GNI 可理解为 GDP 加上来自国外的要素收入，再减去对国外的要素支出。GNI 的优点就在于它等于 GDP 加上来自国外的净要素收入，而不像 GNP 那样，把 GDP 中的外企增值部分全部扣除。还与 GDP 不同的是，GNI 是一个收入概念，而 GDP 是一个生产概念。若 GNI 的增长率超过 GDP 的增长率，则意味着国民收入的增加和生活水平的提高超过了经济的名义增长。

中国社科院 2011 年发布报告称，按照 2011 年世界银行标准，中国已成为"中上等收入国家"。得出这一结论，就是按人均国民总收入来计算的。按世界银行公布的数据，2008 年的最新收入分组标准为：人均 GNI 低于 975 美元为低收入国家，在 976 ～ 3 855 美元之间为中等偏下收入国家，在 3 856 ～ 11 905 美元之间为中等偏上收入国家，高于 11 906 美元为高收入国家。

如此，我国确实属于"中上等收入国家"。但这对中国的老百姓来说，中国跻身"中上等收入国家"的象征意义大于实际意义。因为国家经济实力不能等同于国民消费实力，国家经济实力雄厚并不等于自己可支配财富的净增加。

前面我们讲了 GNP 数据的一些功能特点，GNI 在相当大的程度上对 GNP 有替代作用。GDP 只能衡量一个国家和地区的富裕程度，而国民的生活水平则要用 GNI 来衡量。只有 GDP 转化为人均 GNI，才能谈得上国民富裕不富裕。

以北京市为例，2011 年实现 GDP 为 1.6 万亿元，人均 GDP 达到 80 394 元人民币；但是，2011 年北京人均可支配收入 3.29 万元，约为人均 GDP 的 1/3。放在 CPI（居民消费价格指数）高达 5.6%、高于 3.1% 的国际通货膨胀警戒线 2.5 个百分点的环境中，这个 3.29 万元的人均可支配收入，还将大幅缩水。

要看一个地区的居民生活水平如何，GNI 数据是至关重要的。一般来说，GNI 和 GDP 的差额反映了一个国家对外经济发展战略的不同阶段。

自 1990—2002 年，我国实行积极的对外开放政策，大力引进外资。外商投资增加到一定规模之后，开始获利，此时 GDP 开始大于 GNI，而且差距越来越大。从 2003 年开始，我国经济进一步对外开放，随着我国企业水平的提高，开始逐步走向世界，在世界各地建立了境外分支机构。有些企业开始赢利并把收益汇回国内，增加了中国的 GNI。随着对外投资规模扩大和经营收益增加，以及对外承包工程和对外劳务合作收益的增长，我国的 GNI 逐步增加，并逐渐取得 GNI 与 GDP 的基本平衡。随着我国大型跨国公司的增加，在不久的将来，我国的 GNI 也会超过 GDP，成为真正的富裕国家。

二、选择收益率超过 GDP 的产品

经过几十年的发展，我国的经济建设取得了举世瞩目的成就，中国已经跻身为除美国之外的全球第二大经济体。在经济总量如此巨大之时，还要保证 GDP 稳定增长。

1. 投资理财的问题

我们都知道，在发达国家，GDP 年增速为 2% 就是非常快的经济增长速度了。即使是在发展中国家，GDP 年增速为 6% 也表明该国当年的经济增长是非常高速的。

而我国从 1978—2007 年的 30 年间，GDP 的增长率有 16 年高达两位数。随后，政府虽然逐渐调低了增长目标，但我国的经济增长目标仍设定在 8% 左右。那么，令人大为不解的问题是，一个国家每年保持如此高速的经济增长是非常惊人的，同时达到这一目标也是非常困难的，但为何政府又要将经济增速设定为8%左右呢？同时，在我国经济水平如此高速发展的同时，我们普通老百姓却在日常生活中没有太多的感觉，似乎跟我们的柴米油盐没有太大关系。那么出现这一问题的原因又是什么呢？

GDP不仅是国家宏观经济形势的"晴雨表"，同时，其也关系到人民生活水平的改善，关系到居民的实际收入状况。政府的稳增长与老百姓的"没感觉"是有其内在原因的，而这些原因又像"隐形人"一样隐藏在纷繁复杂的社会现象之后。那么，这些"隐形人"的真正面目是什么呢？下面将为大家——揭示。

（1）稳增长的必要性

图1-1所示为我国2005—2014年GDP总量柱状图，从图中可以看出，我国的GDP总量从2005—2014年一直呈现持续上涨的态势。

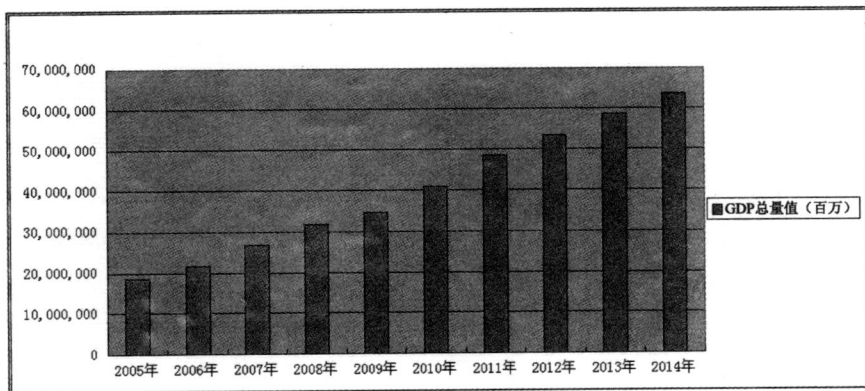

> 图1-1　2005—2014年GDP总量柱状图

并且，从公开数据可以得知，我国2005年的GDP为18 589 580百万元，2014年的GDP为63 646 270百万元。在这10年的时间里，我国的经济总量出现了翻倍的增长。但是，随着我国经济总量的逐年增加，其增长速度会出现逐步放缓的现象。

因为，在庞大的经济总量基础上，再保持较高的增长速度是非常困难的事情。如果经济增长速度出现停滞，那么对于国民来讲其生活水平将会在某一阶段停滞不前，所以政府一般会保持某一增长速度来应对这种情况。

（2）增长率放缓的现象

图 1-2 所示为我国 2005—2014 年 GDP 的名义增长率与实际增长率的折线图。名义 GDP 也称为货币 GDP，是用生产物品和劳务的当年价格计算的全部最终产品的市场价值。实际 GDP（Real GDP），是用从前某一年作为基期的价格计算出来的当年全部最终产品的市场价值。

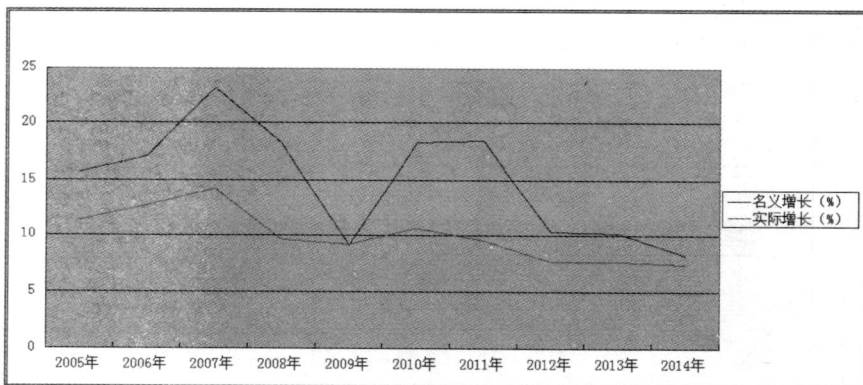

> 图 1-2　GDP 名义增长、实际增长折线图

从图 1-2 中可以看出，无论是名义 GDP 增长率，还是实际 GDP 增长率都呈现出向下运行的走势。这一走势表明我国的经济增长速度出现放缓的迹象，而经济总量也不会像以前那样大幅增加。对于我们普通民众而言，GDP 增长率放慢意味着我们提高生活水平所需的时间将会变长。

（3）看不见的"小偷"

图 1-3 所示为我国 2005—2014 年 GDP 实际增长率与 CPI 增长

率的折线图。对于普通百姓来讲，人均 GDP 并不能代表我们每个人的
实际财富水平。首先，严重的通货膨胀率就抵消了相当一部分经济增
长给我们带来的财富，使我们的财富出现了缩水。

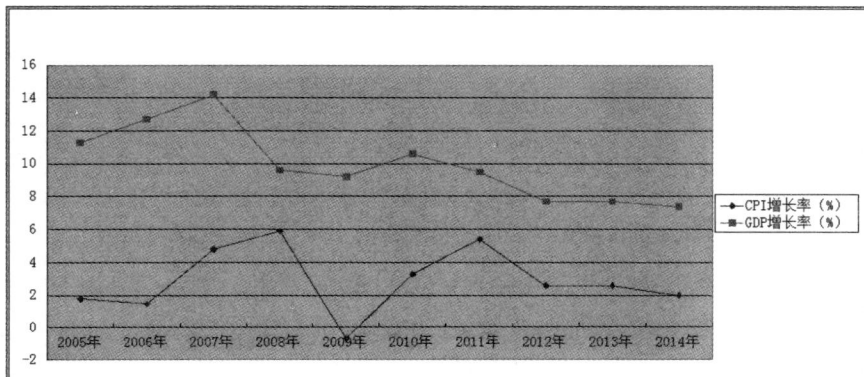

> 图 1-3　GDP、CPI 对比折线图

　　从图 1-3 来看，GDP 增长率要减去 CPI 增长率，才是我们个
人的财富实际增长水平。其次，这一部分财富还会受到政府的行政
支出、税收等方面的影响，那么真正可供我们支配的财富就更少了。
在现实生活中，正是这些看不见的"小偷"在我们不经意之间"偷"
走了我们的财产。因此，大多数百姓对 GDP 的高速增长便没有了切
身感受。

2. 理财决策的选择

　　在上文中，我们对政府为何要保持一定的经济增长率，以及普通
百姓为何不能感觉到经济高速增长所带来的好处等问题做了简单的介
绍。下面我们再来讨论一下，普通老百姓在面对这种情况时，该如何
利用自己手中现有的资源来创造更多的财富，以期提高我们现有的生
活水平。

我们知道，GDP（国内生产总值）是一个国家或地区的经济中所生产出的全部最终产品和劳务的价值，常被公认为衡量国家经济状况的最佳指标。而我们在进行投资理财决策时不仅要跑赢CPI（居民消费价格指数）的变动率，同时还要跑赢GDP的增长率，如此我们才能够保住我们的财富。

比如，某年我国的GDP增长率是8%，而当年CPI的变动率为3%，若当年你的投资收益率为9%，则在投资收益率9%减去CPI的变动率3%之后，你的实际投资收益率仅为6%，低于当年的GDP增长率两个百分点。结果表明，你的财富增长速度并没有赶上全国的财富增长速度。

因此，在进行投资理财决策的时候，可以将GDP的增长率作为一个参考值，以确定我们财富的增长水平，选择合理的投资理财工具。

那么，在众多的投资理财工具中，哪些是可以跑赢GDP增长率的呢？这个问题要根据具体情况进行分析。因为，这些理财工具的收益率受到各种不同因素的影响，而各个因素对其影响的力度也随着时间的变化而不同，投资者应结合当时的情况来做出判断。下面选取几种代表性的理财工具做一些分析。

（1）投资储蓄

图1-4所示为我国2014年各季度GDP增长率与一年定期存款利息率的走势对比图。按照2014年1月1日，中国人民银行所公布的存贷款利率表显示，一年定期存款的利率为3.25%。那么，若将10 000元人民币存入银行做一年定期，其当年的收益率为3.25%，远低于该年的GDP增长率。

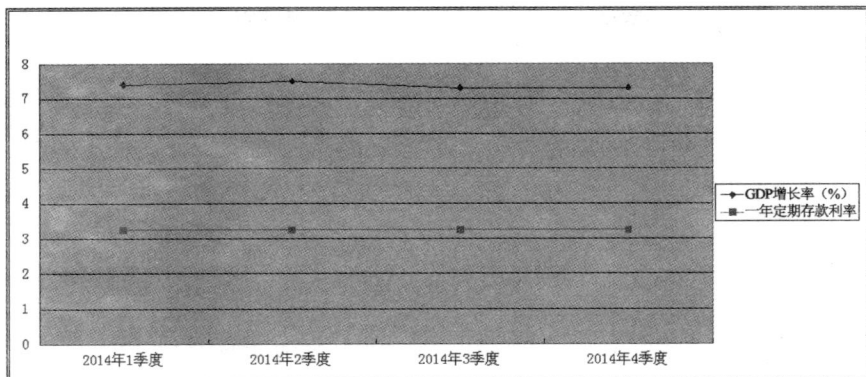

> 图 1-4　GDP、一年定期存款利率折线图

同时，按照 2015 年年初，国家统计局所公布的数据，2014 年全年 CPI 变动率为 2.0%。其一年定期存款的收益率 3.25% 减去当年 CPI 变动率 2.0%，则其实际收益率仅为 1.25%，也就是说 10 000 元的实际投资收益仅为 125 元。如此，我们改善生活水平，提高生活质量的愿望似乎遥不可及。

（2）投资股市

图 1-5 所示为我国 2014 年各季度 GDP 增长率与上证指数 2014 年各季度的走势对比图。从该走势图中可以看出，在 2014 年第一、二季度，上证指数的增长率远低于 GDP 的增长率。而从第三季度开始，上证指数增长率出现迅速的上涨并突破了 GDP 增长率。到 2014 年年末，上证指数的上涨幅度为 52.87%，若减去 CPI 的变动率 2.0%，其全年的涨幅也有 50.87%，将 GDP 的增长率远远地甩在了后面。

若在 2014 年我们的主要投资方向为股票市场的话，那么当年的财富增值将是非常可观的。不过上述结果得益于股票市场的整体行情向好，在具体的投资过程中，还应结合其他因素加以考虑。

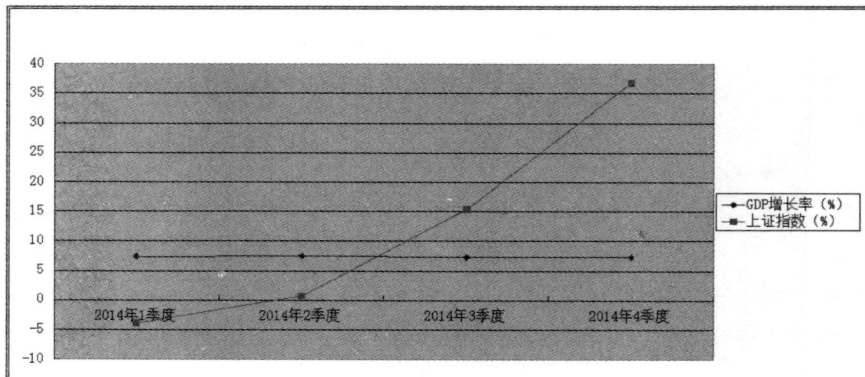

> 图1-5　GDP、上证指数走势折线图

（3）投资基金

图1-6所示为我国2014年各季度GDP增长率与华夏大盘精选2014年各季度的收益率走势对比图。由于2014年股票市场行情整体向好，我国的公募基金也成绩斐然。

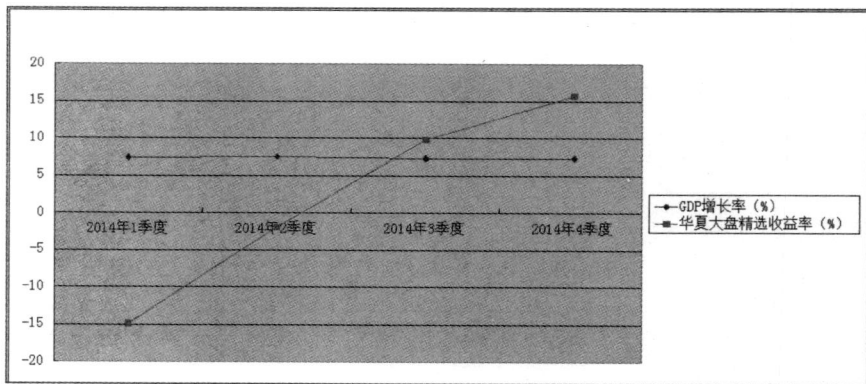

> 图1-6　GDP、华夏大盘精选走势折线图

从图1-6中可以看出，在前两季度该基金的走势与上证指数基本相同，都低于GDP的增长率。在第三季度，该基金的收益率实现了突破，之后到第四季度末期，该基金的收益率整体大于GDP的增长率。

那么对于一些不是特别了解股票投资的投资者来讲，在当年买入公募基金也是一种不错的理财方式。在股票市场出现牛市的时候，我们可以把自己的资产交给专业的人士进行投资，以使我们的财富不断增值。

三、信托理财实战操作

当我们对信托市场以及产品有了一定的了解之后，下面就可以试着去挑选一款合适的信托产品。然后对其进行投资，以使自己的财富不断地增值。

1. 信托投资的决策

在进行投资决策的时候，结合自身的经济情况与选择合适的买卖时机是非常重要的。下面通过一个小故事来帮大家认识一下这个问题。

实例故事：又到了年底，对小张来讲却喜忧参半。喜的是终于有了自己的新房，忧的是现在还欠银行贷款 50 万元，而且还有 6% 的贷款利息。这几天妻子回家带给他一个好消息，最近收回了一个朋友的欠款，刚好 50 万元。小张和妻子商量一下，打算一次性地清偿银行的贷款。

在去银行办理还款的当日，他遇见了一位做银行信托投资的朋友。朋友告诉他，最近这家银行正在发售一种信托理财计划，期限为 1 年，每年收益为 9%。他一合计，如果把这 50 万元的本金投资该项信托计划，一年下来的投资收益有 4.5 万元。而银行的贷款利息是 3 万元，如此不仅可以全部偿还银行的本金及利息，而且还能留有 1.5 万元的结余。于是,小张投资了这款信托产品,放心地过年了。

从上面的故事中可以看到,在理财收益大于借款成本时,我们就可以把握住机会,进行适合自己的投资。这样不仅可以达到偿还债务的目的,而且还可以使财富有所结余。

2. 寻找信托产品

在进行信托投资时,首先要寻找一款合适的信托产品,比如可以登录中国信托网,通过该类网站挑选自己感兴趣的产品。同时,也可以了解相关的同类型产品。

在搜索引擎里输入"中国信托网",然后按回车键。之后,找到该网站的官网链接,单击进入。出现在我们眼前的便是中国信托网的首页,如图 1-7 所示。

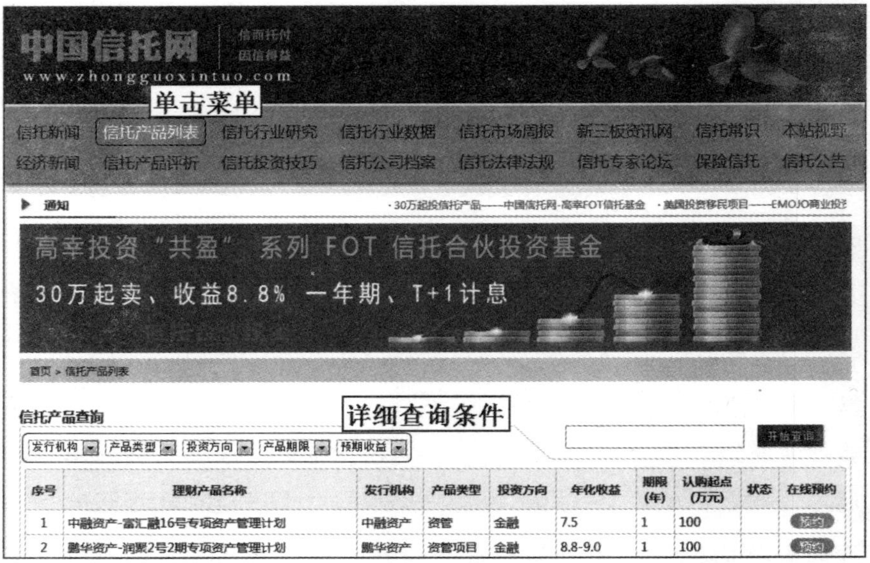

> 图 1-7 中国信托网

然后单击"信托产品列表"菜单栏,如图 1-8 所示,弹出信托产品的列表。同时,也可以根据网站给出的查询条件,如发行机构、产品类型、投资方向、产品期限、预期收益等来查找某款特定的信托产品。

> 图 1-8 查找信托产品

当我们选定某个信托产品之后,便可以单击该产品的超链接,以了解与该产品有关的各种详细信息。同时,分析该产品是否符合自己的投资需求。

比如,选择"中融资产-富汇融 16 号专项资产管理计划"信托产品,然后单击该产品的超链接,之后这款产品的详细信息便会出现在网页的下方。从这里我们可以了解到信托产品名称、信托公司、发行地、咨询电话、投资方向、预期收益、产品期限年、预计发行规模和起始资金(万)等相关信息。需要重点关注的是,收益说明与风险控制这两块内容,因为要了解该产品资金的具体投向与公司应对风险的防范措施,以降低我们的投资风险。

3. 在线预约产品

当我们对某款信托产品进行了详细的了解之后，如果觉得适合自己进行投资，便可以对该产品进行在线预约，为之后的签订信托合同做进一步的准备。

依照上例，选择"中融资产 – 富汇融 16 号专项资产管理计划"信托产品，单击该产品详细信息内容下的"在线预约该款产品"按钮，弹出该产品的预约界面。然后，在姓名、邮箱、手机号码等栏目输入自己的个人信息。在确认以上所填的个人信息没有错误之后，便可以对预约的产品进行提交，如图 1-9 所示。随后，准备进入下一个操作步骤。

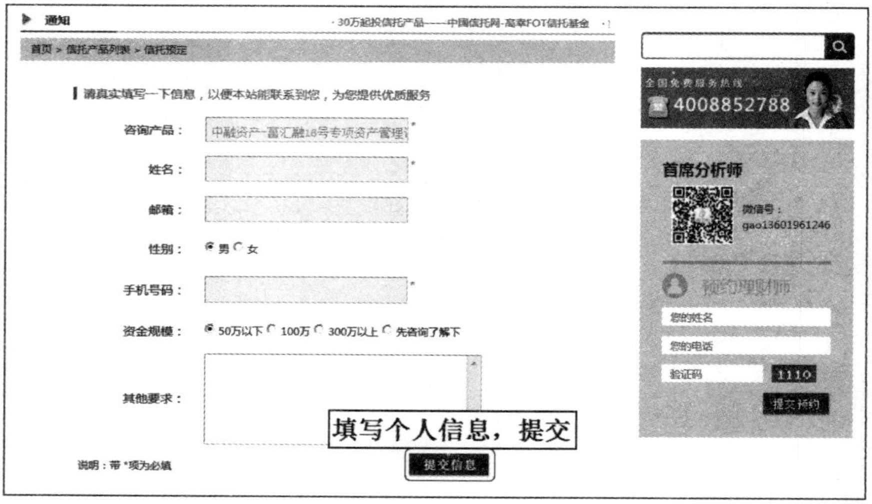

> 图 1-9　填写个人信息

4. 确认预约及缴款

当信托公司收到投资者的在线预约申请之后，会对投资者的相关信息进行审核。如果审核通过，那么信托公司一般会通过手机短信或电子邮件的方式通知客户，然后需要投资者对预约的产品进行再一次确认。当确认无误之后，信托公司会要求客户进行缴款。

投资者缴款的方式一般有三种，一是通过银行网点或网上银行，二是直接到信托公司进行缴款，三是可以通过第三方理财机构。由于银行渠道相对安全，且网上银行快捷方便，所以这里以网上银行缴款为例。

首先，找到银行的官方网站，单击后进入网上银行的登录界面。之后输入账号、密码进行登录，如图1-10所示。

> 图1-10 登录网上银行

当进入网上银行的界面之后，会看到该银行的各种业务菜单栏。此时，投资者可以单击"转账汇款"菜单栏，这时将出现各种转账汇款的方式，以及交易过程中的注意事项。在投资者选择合适的转账汇款方式之后，就可以进行转账操作。

选择某种转账汇款方式后，需要投资者对于汇款的信息进行填写。如图 1-11 所示，需要投资者填写转入账号、转入账户、币种、金额、转出账号、转出账户等交易信息。此时，需要注意的是投资者缴款时，会将资金缴存在信托公司的募集账户上，而非信托公司本身的账户上。在确认上述信息无误之后，就可以进行提交。然后按照网上银行系统的提示完成转账交易。

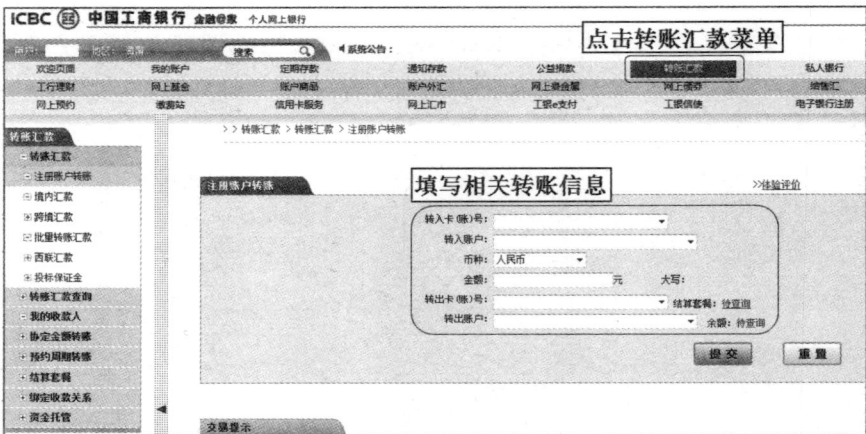

> 图 1-11　"转账汇款"操作

5. 转账汇款的查询

当投资者完成转账汇款的操作之后，需要对是否成功转账进行查询。之后，投资者应将记录付款人、收款人、金额等详细信息，以及汇款成功的提示等的交易明细进行下载，并且保存。同时，还需要将该交易明细以电子版的形式转发到信托公司的官方网站，为下一步签订信托合同打下基础。

投资者在完成转账汇款的操作之后，可以选择"转账汇款查询"选项对转账记录进行查询。如图 1-12 所示，投资者可以根据转账的时间、注册账号等条件对转账信息进行查询。一般情况下，信托公司会在晚上下班前确认投资者的汇款是否到账，并进行通知。

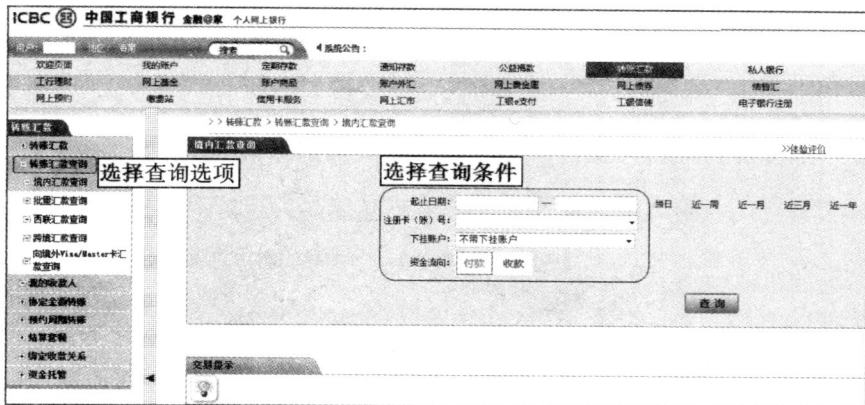

> 图 1-12　"转账汇款查询"操作

6. 签订信托合同

当投资者完成转账汇款的操作之后，接下来就是签订相关的信托合同。投资者签订信托合同时需要准备一定的资料，包括两部分，一是投资者的个人资料，二是相关的信托文件。

7. 投资者的个人资料

投资者的有效身份证件原件。其中，有效身份证件原件可以是居民身份证、军官证、护照等。

汇款凭证、缴款凭证等。汇款凭证包括汇款的银行卡或存折原件；缴款凭证包括银行汇款回单或者刷卡后的小票。

8. 相关的信托文件

在信托公司已经对投资者的身份进行确认且已缴款之后，会有专门的理财经理指导填写并签署相关的信托文件，具体包括《信托合同》（一式两份）《信托计划说明书》（一份）和《认购风险说明书》（一份）。

当投资者准备好签订信托合同所需的资料之后，就可以和信托公司进行签约。投资者可以选择亲自到信托公司的办公地或营业机构所在地进行签署，也可以让信托公司将合同寄给投资者进行签署，或者由信托公司的工作人员亲自上门进行签署，但这种方式一般都会有资金限制。

投资者在签署合同时一定要仔细看清楚合同的内容，对于不清楚的条款，投资者在签订前应询问清楚，以避免签订后再进行修改。仔细填写完合同之后，在合同上亲笔签名或盖章。

第 2 章

价格指标里的
理财秘密

一、牵肠挂肚的 CPI

"世界上最远的距离，是我们俩一起出门，你去买苹果 6 代，我去隔壁买 6 个苹果。"这个签名最近在白领间很流行。但千万别认为买苹果是一件小意思的事情。在大蒜、生姜、绿豆、白糖等价格连番突击之后，苹果成为新的"涨价种子选手"。

在近来的农副产品价格上扬后，一些新名词在网络上迅速横空出世，例如，"蒜你狠""豆你玩""姜你军""糖高宗"等。而苹果也步其后尘，涨幅不小。有媒体报道，在苹果大省山东，苹果的收购价远高于往年。收购价涨了，零售价当然也就跟着上扬了。日前论坛里有不少晒苹果价的帖子，"现在'红富士'都 6 块一斤了。"而另一网友晒出的苹果价格则是每斤 9.8 元。"唉，吃个苹果也这么贵……"不少网友发出相同的慨叹。

本着娱乐精神，网友们新的在线冠名活动发起。众网友发挥集体智慧，给出了"苹天下""苹什么""苹跳跳"甚至"i-apple"等趣名。但也有人提醒说，"楼主 out（落伍）了，现在当红的是棉花，叫'棉里针'"。

我们找出"蒜你狠""豆你玩""姜你军""糖高宗"的走势图，从这些走势图中，大家可直观地发现其中的价格变化。

图 2-1 所示为大蒜在一段时间内的价格走势。大蒜由 2009 年 10 月份不足 5 元的价格一路上涨，在不足两年的时间内走高到近 12 元的高位。价格上涨两倍不止。

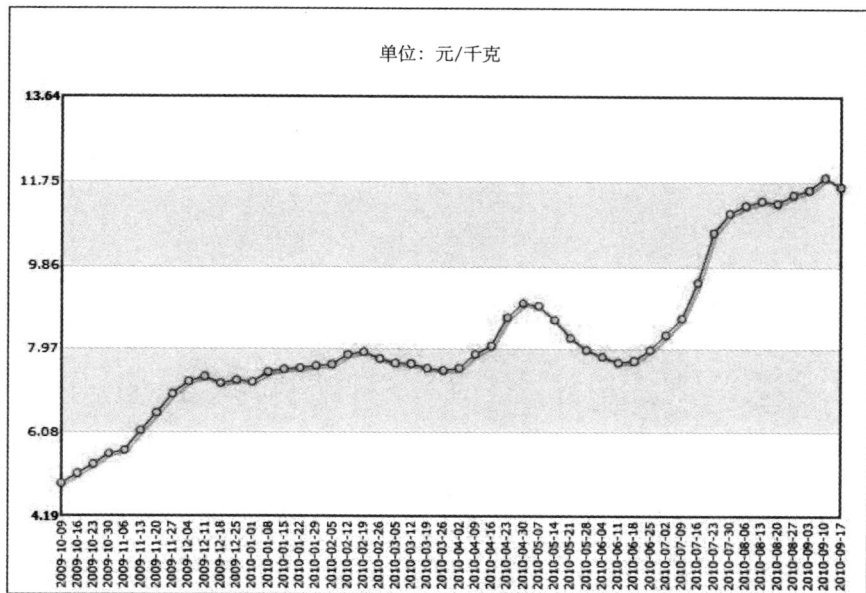

> 图 2-1　2009—2010 年全国大蒜批发价格走势

图 2-2 所示为全国生姜价格在一段时间内的走势图。生姜价格在 2009 年 1 月份时还是 3 元左右的位置，等到 2009 年 11 月份时已上涨到 5 元以上的位置，价格在短短的一年出现近乎翻倍的走势。

图 2-3 所示为全国白砂糖价格在一段时间内的走势图。白砂糖价格在 2011 年的 6 月份时还是 9.5 元左右的位置，等到 2011 年 11 月份时已上涨到 10.3 元以上的位置，价格在半年的时间内出现快速上涨。

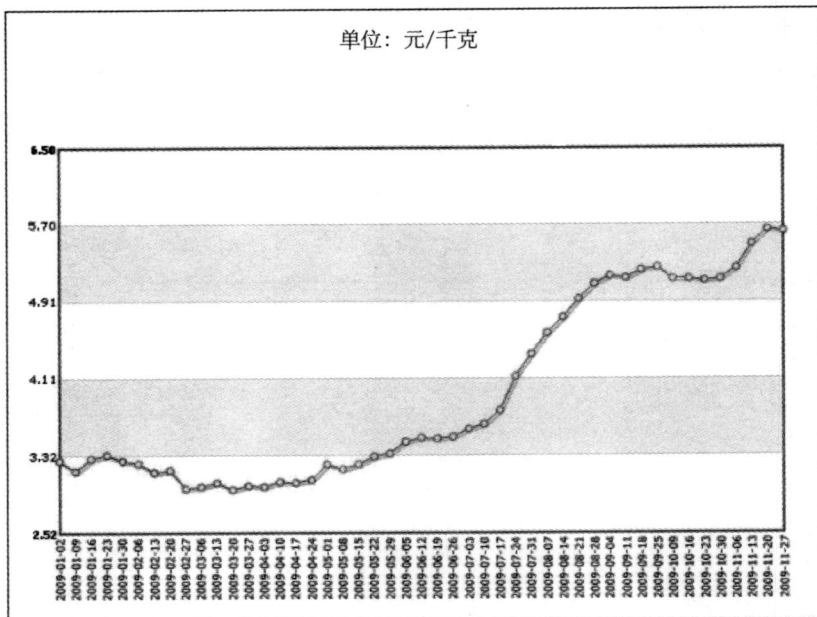

> 图 2-2　2009 年 1～11 月全国生姜批发价格走势

> 图 2-3　2011 年 6～11 月全国白砂糖批发价格走势

最后我们看看看各位心仪的"苹果"是怎样上涨的。

图 2-4 所示为苹果价格在一段时间内的走势图。苹果价格在 2014 年 1 月份时还处于 7.6 元左右的位置，等到 7 月份时已直逼 10 元的大关，苹果价格也随着"苹果"热潮狂飙突进。

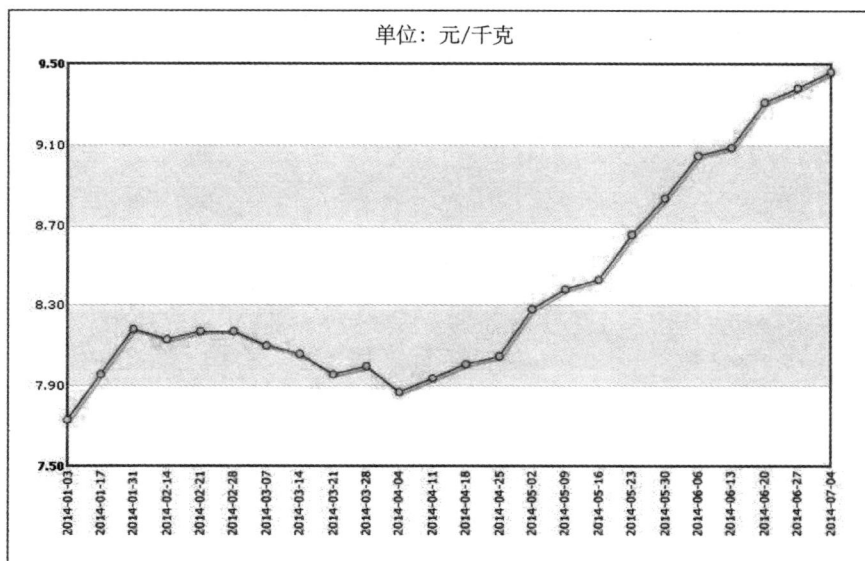

单位：元/千克

> 图 2-4　2014 年 1 ～ 7 月全国苹果批发价格走势

在以上这些价格的变动也就引出本节的主人翁—— CPI 消费物价指数。

居民消费价格指数（Consumer Price Index，简称 CPI）是一个反映居民家庭一般所购买的消费商品和服务价格水平变动情况的宏观经济指标。简单地说，就是市场上货物价格增长的百分比。是度量消费商品及服务项目的价格水平随时间而变动的相对数，是用来反映居民家庭购买消费商品及服务的价格水平的变动情况。

CPI 是反映与居民生活有关的消费品及服务价格水平的变动情况的重要宏观经济指标，也是宏观经济分析与决策及国民经济核算的重要指标。一般来说，CPI 的高低直接影响着国家的宏观经济调控措施的出台与力度。如央行是否调息、是否调整存款准备金率等。同时，CPI 的高低也间接影响资本市场（如股票市场、期货市场、资本市场、金融市场）的变化。

据国家统计局公布的权威数据显示，2008 年我国 CPI 同比增长率为 5.9%，这个数据意味着什么呢？

举个例子，假如你在 2008 年有 10 000 元，而这 10 000 元可以买到 10 头羊。时间到了 2012 年，同样的 10 头羊就要 10 590 元。而你手中的 10 000 元已经买不到 10 头羊了。这其中的 590 元就是 CPI 惹的祸。

CPI 呈现正值的时候就会出现人们常说的通货膨胀，物价开始上涨，人们发觉手中的钱越来越不值钱了。据有关数据统计，自 1978—2013 年，我国的 CPI 累加已达到 572.6（1978 年基数为 100）。也就意味着 1978 年的一个 100 元的物件，在 2013 年居民需要 572 元才能兑现同一物件。

在经济发展过程中，温和的 CPI 上涨可以刺激经济的增长。因为提高物价可以使厂商多得一点利润，以刺激厂商投资的积极性。同时，温和的通货膨胀不会引起社会的动乱。将物价上涨控制在 1% ～ 2%，至多 5% 以内，能像润滑油一样刺激经济的发展，这就是所谓的"润滑油政策"。

当 CPI 数值为正值时，一定程度上意味着通货膨胀的存在；但当 CPI 的数为负值时，则意味着整体物价的回落。此时，对应的是通货紧缩。事实证明，CPI 持续为负值的时期，通常是国家经济发展速度放缓、内需不振的时期。我国 2009 年就出现过连续几个月 CPI 持续走低的情况，2009 年 2 ～ 10 月连续 9 个月，CPI 的数值就都为负值，直到 2009 年 11 月 CPI 才又重新转正。

相反，一个国家 CPI 的连续下跌，一般可以看成是经济萧条的一个标志。也就是人们常说的通货紧缩。通货紧缩主要由两个方面造成，需求不足造成通货紧缩和供给过剩造成通货紧缩。

　　需求不足型通货紧缩，是指由于总需求不足，使得正常的供给显得相对过剩而出现的通货紧缩。

　　供给过剩型通货紧缩，是指由于技术进步和生产效率的提高，在一定时期产品数量的绝对过剩而引起的通货紧缩。

　　当市场的流动性减弱，市场上流通货币就会减少，居民获取货币也会相应减少，又进一步导致购买力下降，影响物价下跌，加重通货紧缩。这样的情况得不到改善，长期的货币紧缩会抑制投资与生产，就可能导致失业率升高及经济衰退。

　　在国家经济发展层面，CPI 的转正是大好事，因为 CPI 的转正标志着经济已经渐渐摆脱金融危机的阴影，是经济形势回升的预兆。对老百姓来说，CPI 转正又意味着就业机会增加，可以有效减少老百姓就业难和失业的问题。

　　CPI 的变化关系国计民生，在市场无形之手发挥作用时，宏观调控的有形之手也随时保证 CPI 在合理的范围之内。这就引出了利率的变化。

　　CPI 的上升被普遍认为是通货膨胀的一个标志，紧跟在通货膨胀预期背后的是加息预期，面对通货膨胀压力最简单的做法就是加息，即通过提高资金使用成本来遏制市场需求，继而控制价格飙升。反之，CPI 持续走低往往被认为是通货紧缩的标志，此时多为减息预期。在投资理财方面，这一点不可忽视，如表 2-1 所示。

表 2-1　2000—2012 年中国消费物价指数（注：以上年为整数 100 算）

年份	居民消费价格指数	城市居民消费价格指数	农村居民消费价格指数	商品零售价格指数	工业生产者出厂价格指数	工业生产者购进价格指数	固定资产投资价格指数
2012	102.6	102.7	102.5	98.3	98.2		
2011	105.4	105.3	105.8	104.9	106	109.1	106.6
2010	103.3	103.2	103.6	103.1	105.5	109.6	103.6
2009	99.3	99.1	99.7	98.8	94.6	92.1	97.6

续表

年份	居民消费价格指数	城市居民消费价格指数	农村居民消费价格指数	商品零售价格指数	工业生产者出厂价格指数	工业生产者购进价格指数	固定资产投资价格指数
2008	105.9	105.6	106.5	105.9	106.9	110.5	108.9
2007	104.8	104.5	105.4	103.8	103.1	104.4	103.9
2006	101.5	101.5	101.5	101	103	106	101.5
2005	101.8	101.6	102.2	100.8	104.9	108.3	101.6
2004	103.9	103.3	104.8	102.8	106.1	111.4	105.6
2003	101.2	100.9	101.6	99.9	102.3	104.8	102.2
2002	99.2	99	99.6	98.7	97.8	97.7	100.2
2001	100.7	100.7	100.8	99.2	98.7	99.8	100.4
2000	100.4	100.8	99.9	98.5	102.8	105.1	101.1

二、形影不离的 PPI

生产价格指数（Producer Price Index，PPI）是衡量工业企业产品出厂价格变动趋势和变动程度的指数。主要的目的是衡量企业购买的一篮子物品和劳务的总费用。反映某一时期生产领域价格变动情况的重要经济指标，也是制定有关经济政策和国民经济核算的重要依据。

由于企业最终要把它们的费用以更高的消费价格的形式转移给消费者，所以，通常认为生产物价指数的变动对预测 CPI（消费物价指数）的变动产生作用。

生产过程中所面临的物价波动将反映至最终产品的价格上，因此观察 PPI 的变动情形将有助于预测未来物价的变化状况，因此这项指标受到市场重视。

生产价格指数并不仅仅是一个指数，它是一族指数，是生产的三个渐进过程的每一个阶段的价格指数：原材料、中间品和产成品。占据所有的头条并对金融市场最有影响的是最后一个，即产成品的 PPI。

它代表着这些商品被运到批发商和零售商之前的最终状态。生产最后
状态的价格常常由原材料和中间品过程中遇到的价格压力来决定。这
就是为什么观察三个过程都很重要的原因。

根据价格传导规律，PPI 对 CPI 有一定的影响。PPI 反映生产环
节价格水平，CPI 反映消费环节的价格水平。整体价格水平的波动一般
先出现在生产领域，然后通过产业链向下游产业扩散，最后波及流通
领域消费品。以工业品为原材料的生产即工业品价格向 CPI 的传导途
径为：从原材料→生产资料→生活资料的传导。

从下面的两幅图中大家可以清楚地看出，PPI 和 CPI 之间的相互
关系：

图 2-5 所示为生产价格指数 PPI，从图中我们看到，PPI 在 2014
年走高后逐渐回落。这种回落的走势一直持续了两年的时间。相对应
地我们看到当时 CPI 走势图，如图 2-6 所示。

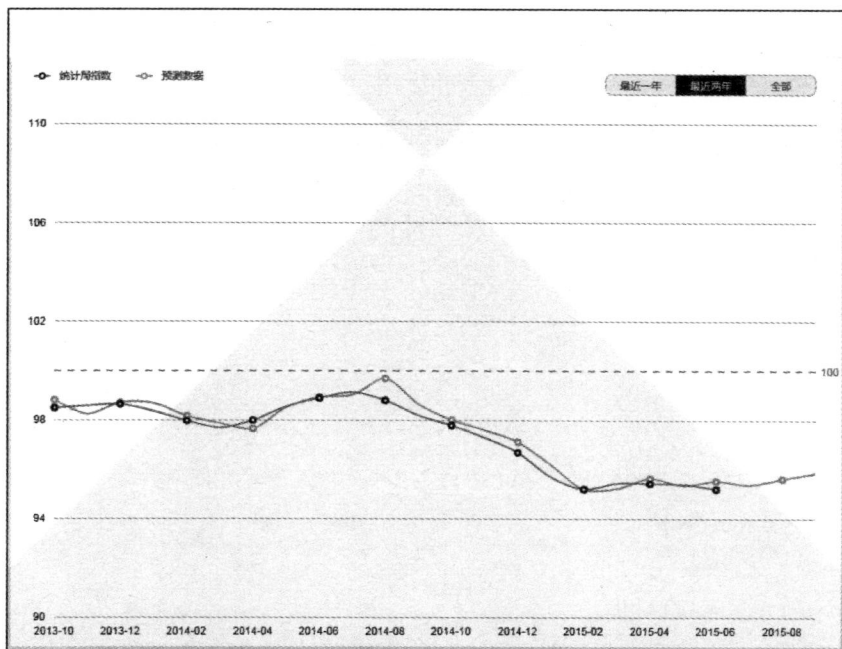

> 图 2-5　2013—2015 年全国生产价格指数 PPI

> 图 2-6　2013—2015 年全国 CPI 走势图

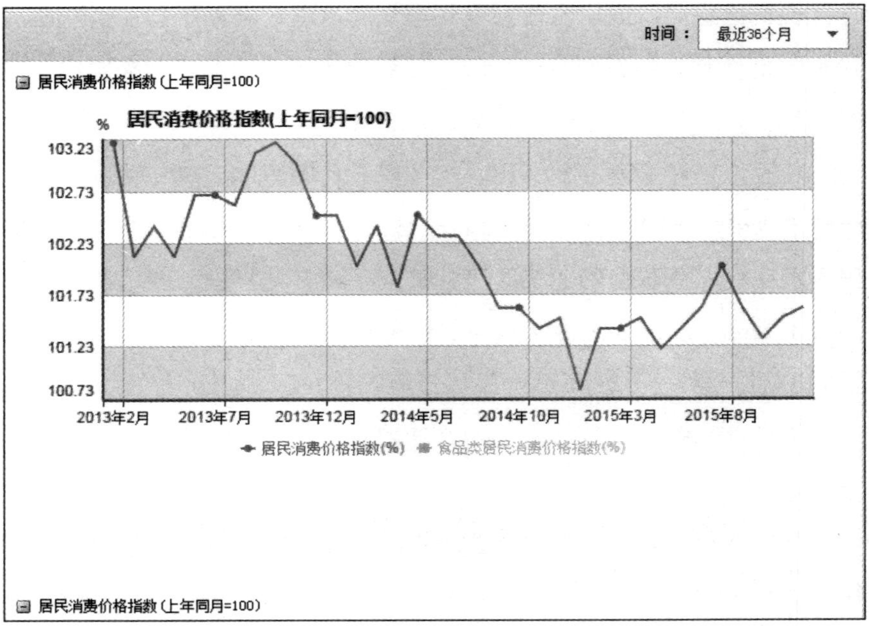

图 2-6 所示为全国居民消费价格指数走势图，指数在 2013 年 10 月份走到高点，随后也是出现长时间的回落走势。其中虽有回升，但幅度不大。其走势与 PPI 的走势呈现高度一致性。

生产价格指数共调查八大类商品，如图 2-7 ～图 2-15 所示。

（1）燃料、动力类；

（2）有色金属类；

（3）有色金属材料类；

（4）化工原料类；

（5）木材及纸浆类；

（6）建材类：钢材、木材、水泥；

（7）农副产品类；

（8）纺织原料类。

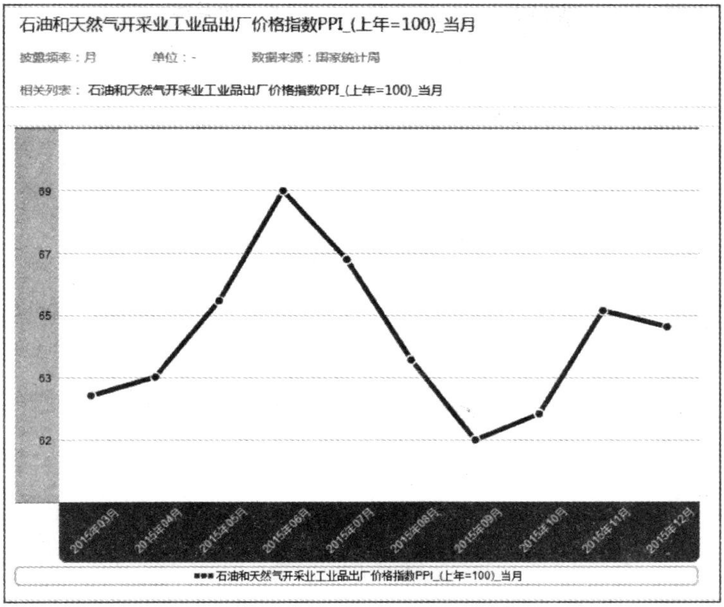

石油和天然气开采业工业品出厂价格指数PPI_(上年=100)_当月

披露频率：月　　　　单位：-　　　数据来源：国家统计局

相关列表：石油和天然气开采业工业品出厂价格指数PPI_(上年=100)_当月

■■■ 石油和天然气开采业工业品出厂价格指数PPI_(上年=100)_当月

> 图 2-7　石油和天然气开采业 PPI

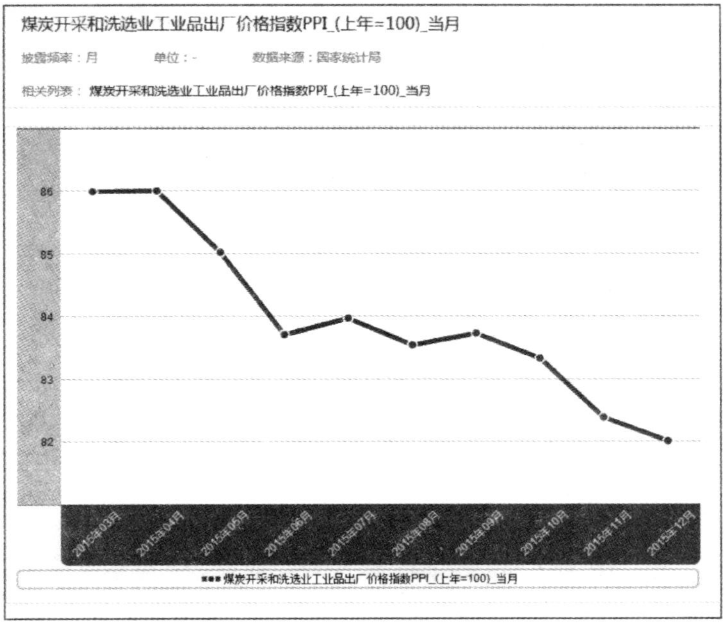

煤炭开采和洗选业工业品出厂价格指数PPI_(上年=100)_当月

披露频率：月　　　　单位：-　　　数据来源：国家统计局

相关列表：煤炭开采和洗选业工业品出厂价格指数PPI_(上年=100)_当月

■■■ 煤炭开采和洗选业工业品出厂价格指数PPI_(上年=100)_当月

> 图 2-8　煤炭开采和洗选业 PPI

> 图 2-9　有色金属材料 PPI

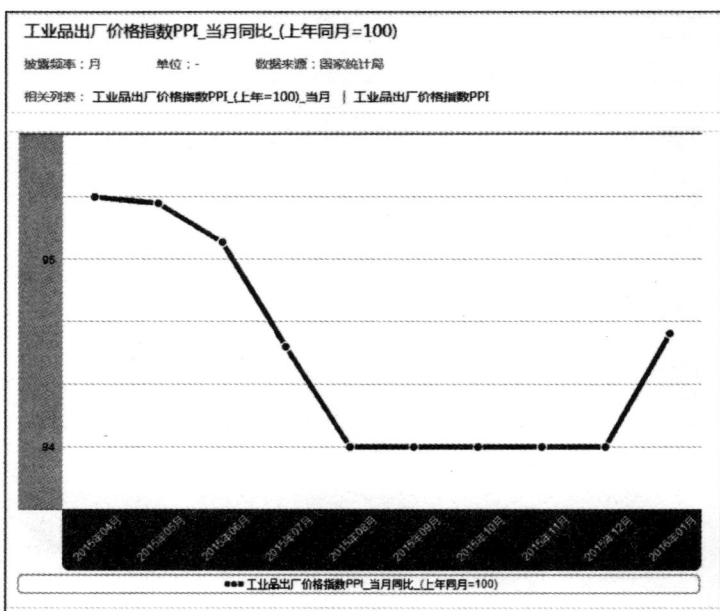

> 图 2-10　工业品 PPI

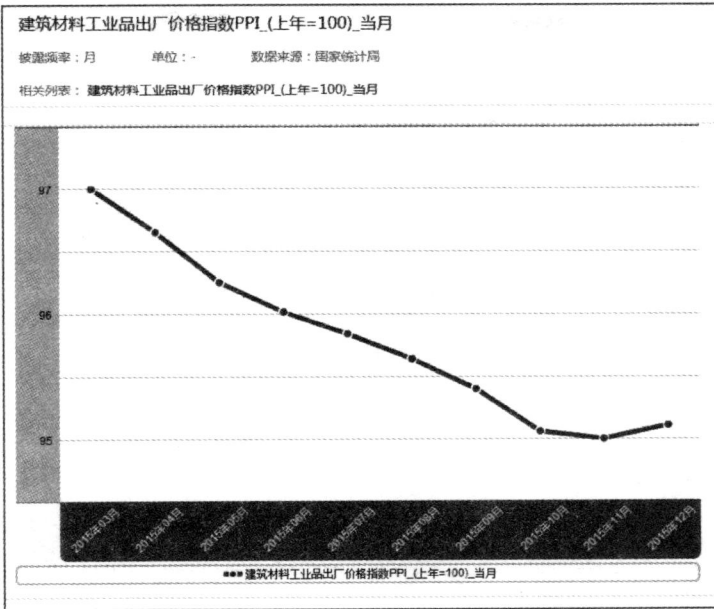

建筑材料工业品出厂价格指数PPI_(上年=100)_当月

披露频率：月　　　单位：-　　　数据来源：国家统计局

相关列表：建筑材料工业品出厂价格指数PPI_(上年=100)_当月

> 图 2-11　建筑材料 PPI

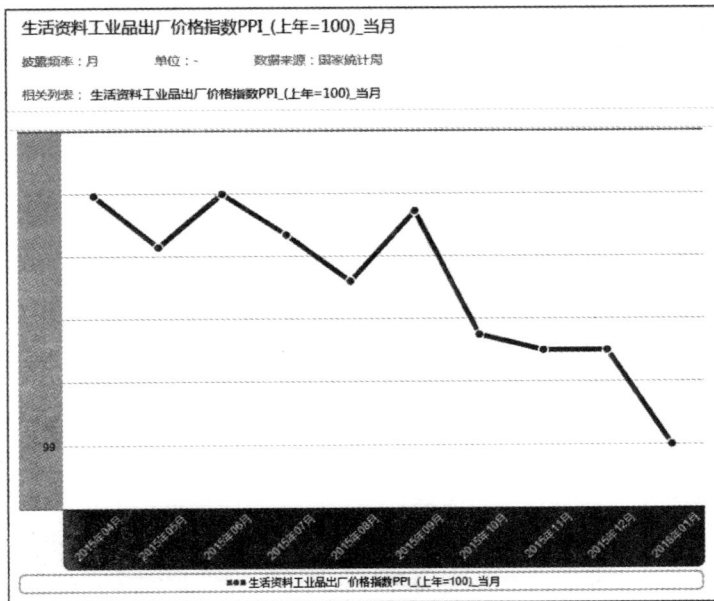

生活资料工业品出厂价格指数PPI_(上年=100)_当月

披露频率：月　　　单位：-　　　数据来源：国家统计局

相关列表：生活资料工业品出厂价格指数PPI_(上年=100)_当月

> 图 2-12　生活资料 PPI

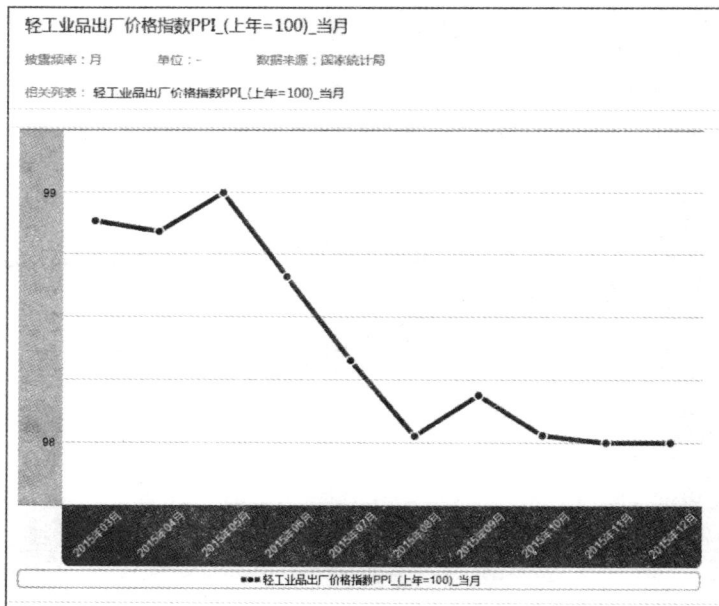

> 图 2-13　轻工业 PPI

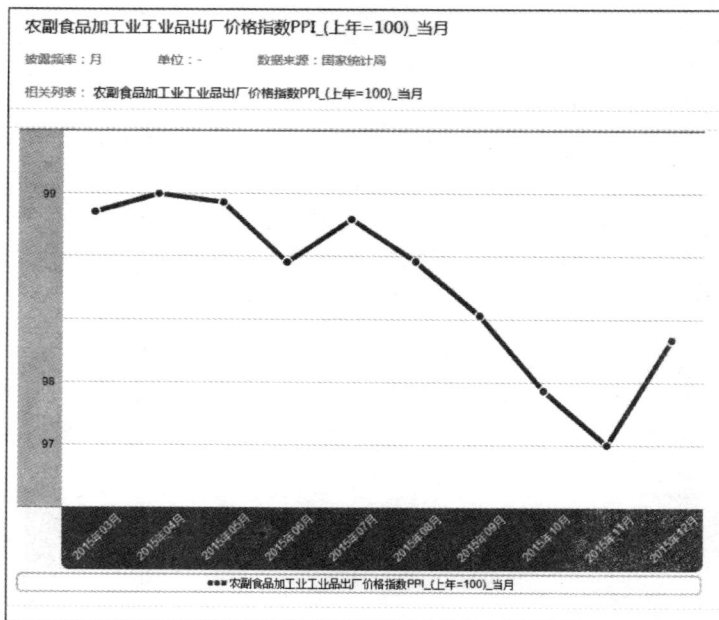

> 图 2-14　农副食品 PPI

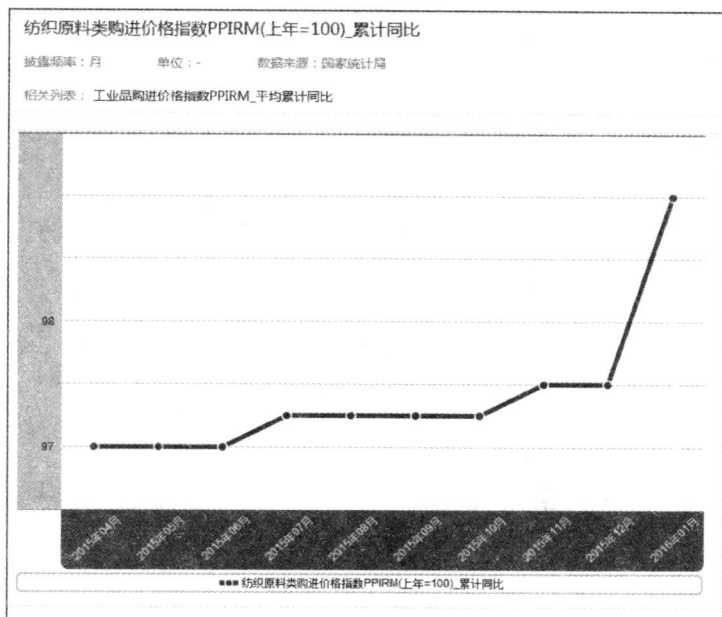

纺织原料类购进价格指数PPIRM(上年=100)_累计同比

披露频率：月　　　单位：-　　　数据来源：国家统计局

相关列表：工业品购进价格指数PPIRM_平均累计同比

> 图 2-15　纺织原料 PPI

　　PPI 夹在企业生产成本与 CPI 之间，它的上涨进而带来 CPI 的上涨压力，尤其是在出口萎缩、消费品制造业产能过剩的情况下，企业将上涨的生产成本转嫁给消费者的难度加大，为此，无法转嫁的生产成本必将冲减企业利润。因此，PPI 上涨意味着企业经营成本进一步加大，利润率将会明显下降。

　　PPI 上涨是 CPI 上涨的先行指标。CPI 上涨，将加大居民消费的成本，从而打击或削弱居民消费的信心，这也会使投资者更谨慎、更理性。同样，PPI 上涨，将加大企业采购成本，在原材料价格上涨不能有效转嫁给消费者的前提下，企业利润减少甚至亏损将是常见的现象。

　　对上市公司而言，道理完全相同。公司利润减少，业绩明显下降，对股东回报也减少。一方面，上市公司投资价值下降，股价重心自然会下移；另一方面，投资回报预期降低，就会弱化投资者的信心，涣散股市人气。

通常情况下，如果 CPI 和 PPI 两者都长期保持上升，一般都意味着经济建设增速加快，通货膨胀开始上升。如果 CPI 和 PPI 同时上升速度过快，又会导致高度的通货膨胀，最终使经济建设衰退。如果两者同时下跌，则意味着经济建设增速减慢。如果它们下跌速度过快，又会导致严重的通货紧缩，也会使经济建设衰退。

因为它们之间的相互传导间隔了一个流通领域。因此，我们在做投资理财规划的时候，需要探讨宏观经济表现时，既要考虑二者的联动变化，又要考虑其他因素的制约。观察在那一段时期这二者是哪个在出力，起拉车的作用，那它就是反映和影响经济发展的主要因素。

三、抵御通货膨胀的黄金投资

2008 年 1 月，曹魏以 200 元／克的成交价，通过中国工商银行购入了 100 克的纸黄金，由于当时的金价偏低，因此，自购买以后，他一直都没有动过。但 2008 年的 3 月 17 日，国际金价上冲到了 1 030.80 美元／盎司的历史最高价，其中，沪金 Au99.99 冲上了 234.30 元／克的巅峰。

当时，曹魏在金价达到自己的心理价位 225 元／克时卖出，3 个月赚了 12.5% 的收益，投入的 20 000 元资金，在两个月的时间就变成了 22 500 元。初尝到投资纸黄金甜头的他，开始更加努力地学习相关知识，并吸取别人的理财经验和教训。

尽管看准黄金价格的走势并非是一件容易的事，但曹魏却在知识和技巧的帮助下，再次幸运地踩准了点。在观察金价两个多月的表现后，2008 年 6 月份，他以 190 元／克的价格再次买进了一批纸黄金，一个月后又以 220 元／克的价格卖出，这一次的投资收益超过 15%，2 万元的资金变成了 2.31 万元。

就这样，曹魏凭借自己的勤奋好学，在半年的时间内，将 10 万元变成了近 12 万元，年收益竟然达到 20%。

周文一直都对有着丰富文化内涵的货币非常感兴趣，慢慢地他也加入集币爱好者的行列。通过对货币投资保值的多方比较，他觉得金币比较有保障，因为黄金永远不用担心有太大的风险。

2000 年，周文将积攒的 8 万元全部投入了金币市场，刚开始进入市场，他并没有以赚钱为主要目的，而是抱着一种学习的态度，购买自己欣赏的一些金币。

到 2001 年，虽然全球经济普遍放慢，但黄金因其独特的保值作用而价格持续增长，尤其在美国发生"9·11 事件"以后，国际金价甚至升到 2001 年的高点。随着黄金的不断上涨，金币的价格自然也就跟着上去了。仅仅一年的时间，周文手中那些金币的价值达到近 10 万元，他没有预想到结果会这么好。

在通货膨胀到来的时候，买什么最好？

答案是——黄金。

现在，世界范围内的通货膨胀都在抬头，作为一种增值保值的理财工具，黄金又到了大显身手的时候。目前，黄金价格仍处于底部阶段，投资者把握好机会，无疑将会有很大获利空间。在通货膨胀苗头日益显现的时候，黄金确实是非常不错的保值工具，值得中长期持有。

理财，首先是保值，然后才是增值。在物价上涨、通货膨胀风险上升的情势下，我们如何回避风险，保护住自己的财产呢？

储蓄，已经不是很合算了，因为我国人民币存款长期存在实际负利率的倒挂现象。国家征储蓄税，受通货膨胀影响，有时名义利息高，而实际利息可能低。

股票，也有很大风险。股票盈利波动较大，容易发生变化，种类多，受政治和宏观经济影响较大。没有很高的能力，很难盈利，亏损的概率还是很大的。

在世界性的超长周期的通货膨胀时代，对大多数普通投资者来讲，投资黄金是最好的抵御方法。黄金的抗风险能力和抵御通货膨胀的功能是吸引大家投资的一个重要原因，投资黄金，不仅保值而且还不断增值。

1. 黄金投资优势

面对错综复杂的国际国内形势，黄金作为国际硬通货无疑具有很强的保值增值作用，并且金的价值是自身所固有的和内在的，是全世界公认的最佳保值的产品。购买黄金进行理财，具有以下一些优势：

（1）黄金市场很难出现庄家。黄金市场不同于任何地区性股票市场，属于全球性市场。价格全球统一、透明度高，交易量巨大，很少有财团或国家具备操纵黄金市场的实力。

（2）黄金价格波动幅度比较大，有盈利空间。根据国际黄金市场行情，按照国际惯例进行报价。因受国际上各种政治因素、经济因素，以及各种突发事件的影响，金价经常处于剧烈的波动之中，因此可以利用差价进行黄金买卖。

（3）黄金本身具有购买力。黄金是国际公认的硬通货。世界各国都将黄金列为本国最重要的货币之一，黄金具有相对永恒的价值。

（4）维护成本低。黄金没有新旧之分，含金量直接代表黄金品质。黄金的存放不需要我们进行日常维护。而其他理财产品，如房产、证券、债券等会涉及一定的交易税收，房产的维护成本更为明显，且存在折旧性。

（5）黄金价格未来走势长线看涨。黄金除了能够保值之外，其投资前景也很广阔。促使黄金价格上涨的原因主要有这么几点：储量越来越少；投资需求、消费需求、避险需求高涨；新兴经济体的储备需求也在很大程度上推升金价上涨。

（6）产权转移的便利。与其他资产相比，黄金的产权流动性显得十分优越。在黄金市场开放的国家，任何人都可以从公开的场合购买黄金，自由地转让，并有各种形式的黄金交易活动。

（7）税收上的优势。购买黄金是世界上税务负担最轻的投资项目，其交易过程中所包含的税收项目，基本上只有黄金进口时的报关费用。相比之下，其他很多投资品种都存在一些让投资者容易忽略的税收项目。比如房产投资、股票投资都需要缴纳相应的税收，税收成本非常高。

（8）最好的抵押品。当人们遇到资金周转不灵的情况时，解决困境的方法通常有两个：一是典当，二是借债。借债要看个人的信用程度，不能确定是否能够借到资金。而如果你拥有黄金，便可以把黄金进行典当，以解燃眉之急，待经济状况好转后再赎回。

投资黄金，是一种理智的选择。黄金相对其他资产或者投资的优势在于黄金内在的价值始终较高，保值和变现能力强，从长期看，具有抵御通货膨胀的作用，主要体现在三个方面：第一，黄金是永恒的储值和支付手段。第二，黄金是投资实现多元化的有效手段。第三，黄金可变现性强。

黄金作为国际市场唯一的硬通货，势必成为投资者资金保值的最佳方案之一。由于黄金本身的固有特性，不论年代有多久远，其质地根本不会发生变化，价值恒久。黄金的投资价值在于其具有对抗通货膨胀、无时间限制的公平交易、实物交收便利等方面的独特优势。即便现在黄金的流动性不是最好，但仍可以拿黄金去兑换人民币，或者作为普通商品在商场里买卖。支持黄金价格上涨一个很重要的因素在于黄金的稀有性，未来将会是一个超级大牛市。

2. 黄金交易市场

世界各地约有 40 多个黄金市场。黄金市场的供应主要包括:世界各产金国的矿产黄金;一些国家官方机构,如央行黄金储备、国际货币基金组织及私人抛售的黄金;国际上的黄金市场交易体系完善、运作机制健全,黄金投资在发达国家已超过 100 多年的历史,其黄金市场的投资环境较为成熟。

中国的黄金市场起步较晚,目前只有香港黄金交易市场和上海黄金交易所两大黄金交易市场。

香港黄金市场以其优越的地理条件,可以连贯亚、美、欧地区而一跃成国际性的黄金市场。目前中国香港特别行政区有三个黄金市场:一是以华资金商占优势有固定买卖场所的传统现货交易贸易场;二是由外资金商组成在伦敦交收的没有固定场所的本地伦敦金市场,同伦敦金市联系密切,也是实金交易;三是正规的黄金期货市场,交投方式正规,制度完善,但成交量不大。

上海黄金交易交易所是由中国人民银行组建,经过国务院批准,在国家工商行政管理局登记注册的,不以营利为目的,实行自律性管理的法人。遵循公开、公平、公正和诚实信用的原则,组织黄金、白银、铂等贵金属交易。目前,上海黄金交易所是国内最大的黄金交易平台。无论是从交易成本,还是从市场流动性、市场有效性等来看,上海黄金交易所对个人开放的黄金投资,与国际市场的连贯性等方面都有着极大的优势。上海黄金交易所本身也并不参与市场交易,这样的交易模式只有当市场达到相当高的容量后才具备较高的有效流动性,就目前较一般个人黄金投资与中小机构而言已经足够。

目前欧洲的黄金市场所在地是伦敦、苏黎世等,美洲主要集中在纽约,亚洲集中在香港。国际黄金市场的主要参与者,可分为国际金商、银行、对冲基金等金融机构、各个法人机构、私人投资者及在黄金期货交易中有很大作用的经纪公司。

目前，伦敦是世界上最大的黄金市场。伦敦黄金市场交易所的会员由具有权威性的五大金商及一些公认为有资格向五大金商购买黄金的公司或商店所组成，然后由各个加工制造商、商店和公司等连锁组成。交易时由金商根据各自的买盘和卖盘，报出买价和卖价。伦敦没有实际的交易场所，灵活性非常强，采用黄金现货延期交割的交易模式，黄金的重量、纯度都可以选择等，吸引大量的机构和个人投资者参与进来，造就了全球最为活跃的黄金市场。

苏黎世黄金市场是在第二次世界大战后发展起来的国际黄金市场，没有正式的组织结构，只是由瑞士三大银行：瑞士银行、瑞士信贷银行和瑞士联合银行负责清算结账。苏黎世黄金市场的金价和伦敦市场的金价一样受到国际市场的重视，在国际黄金市场上的地位仅次于伦敦。

纽约商品交易所（COMEX）和芝加哥商品交易所（IMM）既是美国黄金期货交易的中心，也是世界最大的黄金期货交易中心。两大交易所对黄金现货市场的金价影响很大。纽约商品交易所仅为交易者提供一个场所和设施，其本身并不参加期货的买卖，但是它制定了一些法规，保证交易双方在公平和合理的前提下交易。

20 世纪 70 年代以前，世界黄金价格比较稳定，波动不大；金价的大幅波动是 20 世纪 70 年代以后才开始的。特别是近几年来，金价表现出大幅走高后剧烈振荡的态势。近年来，受美国次贷危机引发的金融海啸的影响，美元持续贬值，地缘政治的不稳定，石油持续涨价等，引发投资者不安，黄金作为最可靠的保值手段，以其能够抵抗通货膨胀的特性迅速在投资地位中攀升。

因此，很多人相信黄金投资是继证券、期货、外汇之后又一个新的投资宝藏。的确，到今天还没有任何一种商品能取代黄金的这种特殊功效。从长远的发展角度来看，黄金投资市场的开放并与电子商务的完美结合，黄金这一崭新又古老稳健的投资品种，将会带来不可估量的财富。

3. 黄金投资方式

随着各家银行相继推出各类的黄金业务，越来越多的市民也开始对"炒金"投资跃跃欲试。但乍一接触黄金市场，不禁又会产生这样的疑问：现在市场上究竟有多少黄金产品可以购买？要不要买？买什么样的产品呢？投资者又怎样在令人眼花缭乱的市场中看得清楚、想得明白呢？

目前，市场上的黄金交易品种中，纸黄金投资风险较低，适合普通投资者；黄金期货和黄金期权属于高风险品种，适合专业人士；实物黄金适合收藏，需要坚持长期投资策略。

（1）实物黄金

实物黄金买卖包括黄金、金币和金饰等交易，以持有黄金作为投资，只可以在金价上升之时才可以获利。从权威性来看，人民银行发行的金银币最权威（币类标有"元"），是国家法定货币。

目前兴业银行和中国工商银行推出了个人实物黄金交易业务，这是一种全新的炒金模式，个人买卖的是上海黄金交易所（简称"金交所"）的黄金。黄金的购买起点是 100 克，投资门槛将近 2 万元，比纸黄金更高，但手续费较低。投资者在兴业银行可提取实物黄金，如果不提取，个人实物黄金就可以像纸黄金那样操作。

（2）纸黄金

纸黄金，是指黄金的纸上交易，投资者的买卖交易记录只在个人预先开立的"黄金存折账户"上体现，即在账面上买卖"虚拟黄金"来获取差价，不发生实物黄金的提取和交割，而是个人通过把握市场走势低吸高抛，赚取黄金价格的波动差价。

纸黄金属于个人记账式黄金，它的报价类似于外汇业务，即跟随国际黄金市场的波动情况进行报价，黄金所有人凭所持有的凭证可随时提取或支配黄金实物。能够确定交割日期的就是黄金期货合约，随时可以交割的或不确定交割日期的就是黄金现货合约。如黄金仓储单等。

除了常见的黄金储蓄存单、黄金交收定单、黄金汇票、大面额黄金可转让存单外，还包括黄金债券、黄金账户存折、黄金仓储单、黄金提货单、黄金现货交易中当天尚未交收的成交单，还有国际货币基金组织的特别提款权等，均属纸黄金的范畴。

纸黄金一般是由黄金市场上资金实力雄厚、资信程度良好的商业银行、黄金公司或大型黄金零售商所出具，如黄金定期储蓄存单、黄金汇票和黄金账户存折由商业银行出具，黄金提货单或黄金仓储单据由上海黄金交易所出具，黄金债券则由黄金企业发行。

国内的纸黄金交易业务主要有中国银行"黄金宝"、中国工商银行"金行家"和中国建设银行"龙鼎金"。虽然三者都是纸黄金，但是在具体的细节上，三者之间还是存在一些差异。总的来说，纸黄金交易有如下几个基本特点：

- 纸黄金投资的资金门槛比较低，操作也比较简单。交易费用买卖一次收取1元／克的手续费，但一次购买量超过1 000克可享受一定折扣。交易起点为：每笔申报交易起点数额为10克，买卖申报是10克及大于10克的整克数量。

- 纸黄金的开户非常简单，投资者只要带着身份证与不低于购买10克黄金的现金，就可以到银行开设纸黄金买卖专用账户。

- 纸黄金的交易方式多样。纸黄金交易账户开通后，可以通过电话查询当日的黄金价格、进行直接交易，也可以到银行柜台去买卖，或者通过网络银行进行交易。交易的过程与股票市场的交易基本相同，也有即时交易、获利委托、止损委托和双向委托，委托挂单时间最长可达12小时。

- 纸黄金交易无须做黄金实物的提取和交收，简化了成交以后的清算交割手续，节省了交易费用，降低了交易成本。

- 由于不发生实金提取和交收，从而也减免了黄金交易中的成色鉴定、重量检测等手续，简化了黄金实物交割的操作过程，从而加快了黄金交易的流转速度。

● 客户黄金存折账户的存金既可做卖出交易，也可充作抵押物或保证金向银行申请黄金贷款，因此纸黄金交易的推出，将会对参与交易的个人投资者带来极大的方便。

当然，不管是投资"纸黄金"，还是实物黄金都要注意市场风险，尤其黄金是一个"慢热"投资品，不会像股票那样频繁涨跌，因此也不适于频繁买卖。

4. 黄金期货

作为期货的一种，黄金期货出现得比较晚，期货是人类商品市场发达的必然产物，黄金期货，跟其他的农产品期货一样，按照成交价格，在指定的时间交割，是一个非常标准的合约。

黄金期货具有杠杆作用，能做多做空双向交易，金价下跌也能赚钱，满足市场参与主体对黄金保值、套利及投机等方面的需求。

目前测试的黄金期货合约，交易单位从原来的每手 300 克提高到了 1 000 克，最小变动价位为 0.01 元／克，最小交割单位为 3 000 克。这可能是黄金期货合约最后的交易模式。

以国内现货金价 200 元／克粗略估算，黄金期货每手合约价值约从 6 万元上升到 20 万元，按照最低交易保证金为合约价值的 7% 来计算，每手合约至少需要缴纳保证金 1.4 万元，合约即将到期，黄金期货保证金率提高到 20%，每手的保证金将增至 4 万元。如果从仓位管理的角度计算，以后做一手黄金差不多需要 5 万元左右。

黄金期货推出后，投资者可到期货公司买卖。期货开户只需带上身份证和银行卡就可以办理，与证券开户类似，只是将"银证对应"换成了"银期对应"，一个期货账户还可以同时对应多个银行账户。

5. 黄金期权

期权是指在未来一定时期可以买卖的权力，是买方向卖方支付一定数量的金额（指权利金）后，拥有的在未来一段时间内（指美式期权）或未来某一特定日期（指欧式期权）以事先规定好的价格（指履约价格）向卖方购买（指看涨期权）或出售（指看跌期权）一定数量的特定标的物的权力。但不负有必须买进或卖出的义务。黄金期权就是以黄金为载体做这种期权。

在国内，中国银行首家推出了黄金期权交易，其他的银行也会陆续开办。国内居民投资理财又多了一个交易工具。

黄金期权也有杠杆作用，金价下跌，投资者也有赚钱机会，期权期限有 1 周、2 周、1 个月、3 个月和 6 个月 5 种，每份期权最少交易量为 10 盎司：客户首先需要到中国银行网点签订黄金期权交易协议后才可投资，目前该业务只能在工作日期间在柜台进行交易。

支付相应的期权费（根据期权时间长短和金价变动情况而不同）后，投资者就能得到一个权利，即有权在期权到期日执行该期权（买入或卖出对应数量的黄金）或放弃执行（放弃买入或卖出）。

举一个例子：李先生预计国际金价会下跌，他花 1 200 美元买入 100 盎司面值 1 月的 A 款黄金看跌期权（执行价 650 美元／盎司，假设期权费 12 美元／盎司）。假设国际金价像李先生预期的一样持续下跌至 615 美元／盎司时平仓，则李先生的收益为（650-615）× 100=3 500 美元，扣掉 1 200 美元的期权费，净收益为 2 300 美元。

但如果金价不跌反涨至 700 美元，投资者可放弃行权，损失 1 200 美元期权费。这就是期权的好处。风险可以锁定，而名义上获利可以无限。期权投资是以小搏大，可以用很少的钱，只要看对了远期的方向，就可以获利。

在国内投资黄金中，如果纸黄金投资和期权做一个双保险挂钩的投资，就可以避免纸黄金单边下跌被套牢。因为纸黄金只能是买多，不能买空。如果在行情下跌的时候，买入纸黄金被套，又不愿意割肉，可以做一笔看跌的期权。

例如，320美元买入纸黄金，同时做一笔看跌期权，当黄金价格跌到260美元，纸黄金价格就亏损，但是在看跌期权补回来，整体可能是平衡，或者还略有盈利。这个就是把纸黄金和黄金期权联合在一起进行交易的好处。

6. 黄金饰品

其实，在日常生活当中一提到黄金投资，很多人还是会认为是购买金饰，其实不然。金饰品的收藏、使用功能要强于投资功能。从投资的角度看，投资黄金饰品是一项风险较高且收益较差的投资行为。

其原因是，金饰品的买入价和卖出价之间往往呈现出一种倒差价状态，即金饰品的初次买入价往往大于以后的卖出价，且许多金饰品的价格与其内含价值相距甚远。由于金饰品的投资收益在短时间内难以实现，因此买卖金饰从严格意义上来讲是一种长期投资行为或者是一种保值措施。

7. 购买黄金注意问题

（1）是否有回购业务

黄金具有保值增值的功能，但是如果想变现的时候，却找不到门路，也是一件非常麻烦的事情。从2011年开始，针对客户投资黄金产品的需求，不少银行开始推出黄金制品的回购业务，中国建设银行、中国工商银行、中国农业银行等银行的部分网点都可以回购黄金制品。

但各家银行回购黄金制品的条件并不同。大部分银行只回购本行销售的实物黄金产品，即使是该行的黄金制品，也只回购投资性金条，而一些纪念金条、金钱系列、生肖系列等则不具备回购功能。另外，即使是已经开展回购渠道的银行，也并非在所有银行网点都可以回购，只能在指定网点办理。

有的银行将黄金回购范围扩大，不仅限于本银行品牌的投资金条，而是包括所有银行品牌的黄金产品，本银行代销的黄金产品，其他商业银行、黄金企业发行的投资类黄金产品，以及首饰类、摆件类等足金及以上黄金制品。

（2）是否能进行波段操作

银行在回购实物黄金的时候，大部分都会收取每克 15 ～ 20 元不等的手续费，若是频繁买卖黄金，交易的成本就太高了。因此，实物黄金适合长线投资者，不适合短线操作。

投资者若想赚取差价，在波段操作方面可关注纸黄金的买卖。

8. 影响黄金价格波动的因素

黄金投资和外汇投资、股票投资一样，要时时关注行情的变化和走势。在市场上，黄金价格的波动，绝大多数原因是受到黄金本身供求关系的影响。除此之外，由于黄金的特殊属性，以及宏观经济、国际政治、投机活动和国际游资等因素，黄金价格变化变得更为复杂，更加难以预料。

影响黄金价格变化的基本因素概括起来主要包括以下几个方面。

（1）供求关系是影响黄金价格的基本因素

众所周知，商品价格的波动主要受市场供需等基本因素的影响。黄金交易是市场经济的产物。地球上的黄金存量、年供应量、新的金矿开采成本等都对供给方面产生影响。供给的变化进而影响黄金价格的变化。

（2）美元走势与金价密切相关

美元虽然没有黄金那样的稳定，但是它比黄金的流动性要好得多。因此，美元被认为是第一类的钱，黄金是第二类。一般在黄金市场上有美元涨则金价跌，美元降则金价扬的规律。

通常投资人士在储蓄保本时，取黄金就会舍美元，取美元就会舍黄金。黄金虽然本身不是法定货币，但始终有其价值，不会贬值成废铁。若美元走势强劲，投资美元升值机会大，人们自然会追逐美元。相反，当美元在外汇市场上走弱时，黄金价格就会走强。

（3）利率对黄金价格走势的影响

利率调整是政府紧缩或扩张经济的宏观调控手段。利率对金融衍生品的交易影响较大，而对商品期货的影响较小。投资黄金不会获得利息，黄金投资的获利全凭价格上升。对于投机性黄金交易者而言，保证金利息是其在交易过程中的主要成本。在利率偏低时，黄金投资交易成本降低，投资黄金会有一定的益处；但是利率升高时，黄金投资的成本上升，投资者风险增大，相对而言，收取利息会更加吸引人，无利息黄金的投资价值因此下降。特别是美国的利息升高时，美元会被大量的吸纳，金价势必受挫。

（4）经济景气状况

世界经济是否景气直接影响投资者对黄金的需求。通常，经济欣欣向荣，人们生活无忧，自然会增强人们投资的欲望，黄金需求上升，金价也会得到一定的支持。相反情况下，民不聊生，经济萧条时期，人们连基本的物质基础保障都得不到满足时，黄金投资自然不提，金价必然会下跌。

因此，预测金价特别是短期金价，要关注各国政府或机构公布的各项经济数据，如 GDP、失业率等。

（5）通货膨胀对黄金价格的影响

从长期来看，每年的通货膨胀率若是在正常范围内变化，物价相对较稳定时，其货币的购买能力就越稳定。那么其对金价的波动影响并不大，只有在短期内，物价大幅上升，引起人们的恐慌，货币的单位购买能力下降．持有现金根本没有保障，收取利息也赶不上物价的暴升，金价才会明显上升。总的来说，黄金不失为对付通货膨胀的重要手段之一。

（6）石油价格

在国际大宗商品市场上，原油是重中之重。原油对于黄金的意义在于，油价的上涨将推生通货膨胀，黄金本身作为通货膨胀之下的保值品，与通货膨胀形影不离。石油价格上涨意味着金价也会随之上涨。

一般来说，原油价格的小幅波动对黄金市场的影响不大，当石油价格波动幅度较大时，会极大地影响到黄金生产企业和各国的通货膨胀，因而影响黄金市场的价格趋势。

同时，石油和黄金各有各的供求关系，如果在通货膨胀高的情况下，石油跌不一定黄金也跌。因为仅仅石油跌对通货膨胀的影响毕竟有限，所以投资者要全面分析，避免陷入被动。

（7）世界金融危机

世界金融危机出现时，人们为了保留住自己的金钱纷纷去银行挤兑，银行出现大量的挤兑后导致破产或倒闭。大金融危机爆发后，所有品种全部暴跌，唯有黄金还在高位震荡。在经济萧条的经济形势下，黄金作为一种重要的储备保值工具，人们开始储备黄金，金价即会有一定程度上扬。

（8）国际政局动荡、战争等

战争和政局震荡时期，经济的发展会受到很大的限制。国际上重大的政治、战争事件都将会影响金价。政府为战争或为维持国内经济的平稳而支付费用，大量投资者转向黄金保值投资。这时，黄金的重要性就淋漓尽致地发挥出来。

（9）各国黄金储备政策的变动

各国中央银行黄金储备政策的变动引起的增持或减持黄金储备行动也会影响黄金价格。

9. 黄金投资风险

巴菲特说："投资的第一条原则是不要亏损，第二条原则是牢牢记住第一条。"同其他投资产品一样，黄金投资也是有风险的，投资者面对金市这样一个迅速发展并成为热点的理财市场，风险意识显得尤为重要。要规避黄金投资的风险，首先要了解其风险特征，主要有以下几个方面。

（1）投资风险的广泛性

在黄金投资市场中，从行情分析、投资研究、投资方案、投资决策到风险控制、账户安全、资金管理、不可抗拒因素导致的风险等，几乎存在于黄金投资的各个环节。

（2）投资风险的可预见性

投资风险虽然不受投资者的主观控制，但却具有一定的可预见性。只要投资者对影响黄金价格的因素进行详细而有效地分析即可。

黄金市场价格是由黄金现货供求关系、美元汇率、国际政局、全球通货膨胀压力、全球油价、全球经济增长、各国央行黄金储备增减、黄金交易商买卖等多种力量平衡的结果。形象地说，这是一个有着无数巨人相互对抗、碰撞和博弈的市场，投资者在这里面所要考虑的因素，远远超过股市。

（3）投资风险存在的客观性

投资风险是由不确定的因素作用而形成的，而这些不确定因素是客观存在的，之所以说其具有客观性，是因为它不受主观的控制，不会因为投资者的主观意愿而消失。单独投资者不控制所有投资环节，更无法预期到未来影响黄金价格因素的变化，因此投资的风险性客观存在。

（4）投资风险的可变性

投资风险具有很强的可变性。由于影响黄金价格的因素在发生变化的过程中，会对投资者的资金造成盈利或亏损的影响，并且有可能出现盈利和亏损的反复变化。投资风险会根据客户资金的盈亏增大或减小，但这种风险不会完全消失。和其他投资市场一样，在黄金投资市场，如果没有风险管理意识，就会使资金处于危险的境地，甚至失去盈利的机会。合理的风险管理方式，可以合理有效地调配资金，把损失降到最低限度，将风险最小化，创造更多的获利机会。

（5）投资风险的相对性

黄金投资的风险是相对于投资者选择的投资品种而言的，投资黄金现货和期货的结果是截然不同的。前者风险小，但收益低；而后者风险大，但收益很高。所以风险不可一概而论，它有很强的相对性。

黄金价格的剧烈波动，也使一些投资者开始考虑如何能既不承担亏损的风险，又能分享黄金市场的高收益。最低限度地说，投资者投资与黄金挂钩的理财产品，不失为一种较理想的选择。这些产品一般都有保本承诺，投资者购买这样的理财产品，既可实现保本，又可根据自己对黄金市场的判断进行选择，获得预期收益。

（6）要有投资风险的意识

对于收益和风险并存这一点，多数人首先是从一种负面的角度来考虑风险，甚至认为有风险就会发生亏损。正是由于风险具有消极的、负面的不确定因素，使得许多人不敢正视，无法客观地看待和面对投资市场，所以裹足不前。

投资者在交易中要知道自己愿意承担多少风险，能够承担多少风险，以及每笔交易应有的回报。

投资者参与黄金市场的过程，就是正确认识风险，学会承担风险，然后对风险进行规避的过程。在投资市场如果没有规避风险的意识，就会使资金出现危机，失去盈利的机会。那么，怎样做才能真正地降低黄金投资的风险？以下几种方式非常值得借鉴。

（1）关心时政

国际金价与国际时政密切相关，比如美伊危机、朝鲜核问题、恐怖主义等造成的恐慌、国际原油价格的涨跌、各国中央银行黄金储备政策的变动等。因此，新手炒黄金一定要多了解一些影响金价的政治因素、经济因素、市场因素等，进而相对准确地分析金价走势，把握大势才能把握盈利时机。

（2）选准时机

每年的8月中旬至11月，黄金市场最大的消费国印度有多个宗教节日，这将极大地刺激市场对黄金饰品的需求。此外，第四季度适逢西方的感恩节、圣诞节和中国的农历新年等传统黄金需求旺季，此时金价也会有一定的上涨空间。

（3）多元化投资

从市场的角度来看，任何资产或者投资的风险都由两部分组成，一是系统性风险，是指宏观的、外部的、不可控制的风险，如利率、现行汇率、通货膨胀、战争冲突等，这些是投资者无法回避的因素，是所有投资者共同面临的风险。这是单个主体无法通过分散化投资消除的。二是非系统风险，是投资者自身产生的风险，有个体差异。多元化投资可以在一定程度上降低非系统化风险，从而降低组合的整体风险水平。

新手炒金由于缺乏经验，刚开始时投入资金不宜全仓进入，因为市场是变幻莫测的，这样做风险往往很大，即使有再准确的判断力也容易出错。炒"纸黄金"的话，投资黄金建议采取短期小额交易的方式分批介入，每次买进 10 克，只要有一点利差就出手，这种方法虽然有些保守，却很适合新手操作。

一般在黄金投资市场，如果投资者对未来金价走势抱有信心，可以随着金价的下跌而采用越跌越买的方法，不断降低黄金的买入成本，等金价上升后再获利卖出。

（4）采用套期保值进行对冲

套期保值是指购买两种收益率波动的相关系数为负的资产的投资行为。

例如，投资者买入（或卖出）与现货市场交易方向相反、数量相等的同种商品的期货合约，进而无论现货供应市场价格怎么波动，最终都能取得在一个市场上亏损的同时在另一个市场盈利的目的。而且，套期保值可以规避包括系统风险在内的全部风险。

（5）建立风险控制制度和流程

投资者自身因素产生的如经营风险、内部控制风险、财务风险等往往是由于人员和制度管理不完善引起的，建立系统的风险控制制度和完善管理流程，对于防范人为的道德风险和操作风险有着重要的意义。

（6）树立良好的投资心态

理性操作是投资中的关键。做任何事情都必须拥有一个良好的心态，投资也不例外。心态平和，思路才会比较清晰，面对行情的波动才能够客观地看待和分析，减少情绪慌乱中的盲目操作，降低投资的风险率。并且由于黄金价格波动较小，投资者在投资黄金产品时切忌急功近利，建议培养长期投资的理念。

（7）选购黄金藏品

黄金原料价格市场波动，黄金藏品的投资价值不断攀升，因为黄金藏品不仅具有黄金的本身价值，而且具有文化价值、纪念价值和收藏价值，对新手而言，黄金藏品的投资比较稳当。

四、黄金理财实战操作

周文龙是银行里的一名普通职员，工作几年的他，手里积攒了一些资金，在周围朋友们的投资影响之下，他也想通过理财来实现财富增值。

2005年，周文龙在开车回家的路上，他从电台里听说中国银行要开办黄金业务，他觉得这是一个投资的好机会。因为在银行工作几年的他，对这些信息都非常敏感，他知道，但凡一些新投资项目的推出，都能够成就一夜暴富的梦想，为了第一时间抓住机遇，他立刻对黄金投资计划付诸了行动。

对于一个刚刚进入黄金市场的新手来说，选择一款适合自己的黄金产品，是摆在周文龙面前的一道难题，通过对市场各方面的综合分析，他选择了纸黄金的投资。因为他认识到这种黄金内容的股票，具有流动性强、可以随时折现、没有保管与存储成本的优势，这样的短期投资非常适合自己，而实物黄金手续费高，而且还有折旧的风险，并不适合他进行投资。

黄金价格的跌跌涨涨，使得周文龙的心情也随着起起落落，好在他以前学的、现在干的都是金融，所以，面对动荡的市场毫不畏惧，由于他在银行工作，通过网上银行来投资黄金很方便。于是，他不断追加自己的黄金投资，从最早的5 000元小试身手，最后变成了5万元的奋力一搏。后来，中国银行和中国工商银行的黄金业务24小时交易，于是，他每天下班后，便利用晚上的时间来进行打理。

直到2006年年初，黄金市场开始变得异常火爆，每克黄金已经涨到120元，去银行开户的投资者们排起了长队。接下来的金价持续一路飙升，在短短两三个月里就狂涨到180多元，甚至在这一年的"五一"以后，还涨到了一个市场最高点，兴奋不已的他立刻抽身离开。此时，他投入的5万元资金，已经变成了8万多元的现金。

华德全是一个普通的工薪阶层，希望通过投资获得一些额外收入，但又不想承担太高的风险，一时间难以决断。思前想后，最终他决定还是将资金交给专业的黄金操盘手打理。

华德全找到了相关专家，通过咨询他明白，投资黄金有很多种途径，既可以全部投资纸黄金，又可以做一下黄金期权，还可以做组合投资。与此同时，专家也通过一系列的实例，给了他一些操作上的指导，让这10万元有更大的收益。

专家为他提供了两种投资方案，第一种是单一的进行纸黄金交易，在网上、在柜台都可以实现交易，这种投资只需投入10万元人民币，买入625克纸黄金，价格为160元／克。

专家提供的第二种选择，是可以将纸黄金和黄金期权进行组合投资，即用9.8万元买入612克的纸黄金，价格为160元／克，如果黄金价格下跌，则买入的黄金被套，风险比较大。于是，在买入同时做一笔看跌期权，其所花费的期权费只需要2000元，行权期是一个月，价格是155元／克的看跌期权。

专家假设一个月以后，黄金价格到达了165元／克，专家开始分析作单一投资与组合投资的获利和风险比较。

首先，专家分析了单一投资中华德全抛出纸黄金后，625克可以获得利润3125元，一个月赚3125元，10万元的投资，月收益率为3.1%。

在组合投资中，华德全同样抛出纸黄金，获利3060元，他购买的是看跌期权，只有行情低于155元／克才能获利，如果执行肯定蒙受损失。所以，他必须选择不执行，届时他将会损失2000元的期权费，3060元减去2000元的期权费，他的盈利为1060元，月收益率1.06%。

很显然，黄金上涨，纸黄金做买入，之后做一笔看跌期权来锁定风险，盈利比直接投资纸黄金收益小。

由于国际局势影响，假设一个月之后，黄金的价格出现下跌，并一举跌到 155 元／克左右。此时，华德全的单一投资中，买入的纸黄金全部被套，浮动亏损为 3 125 元，而在他的组合投资中，买入的纸黄金被套，浮动亏损 3 060 元，但是看跌期权获利，它可以执行，看跌期权他花费了 2 000 元，假设期权费是 1%，其盈利为 6 250 元，6 250−2 000−3 060=1 190 元，如此一来整体还能盈利。

专家继续假设行情到了 155 元／克时，又继续下跌，华德全所投资的 625 克黄金继续被深套，其浮动亏损为 6 250 元，如果采用组合投资，行情下跌到 155 元／克，纸黄金投资亏损 6 120 元，看跌期权就必须执行，因为看跌期权只用了 2 000 元，所以还可以获利 12 500 元。

12 500−2 000−6 120=4 380 元。

其实专家如此举例，只想让华德全明白金价越下跌，组合投资越能有效抵御风险。通过专家的指导，华德全从容地将 10 万元投入黄金投资的组合中，无论是金价上涨，还是降低，他都能安安稳稳的获得相应收益。

五、黄金投资渠道

这一节我们通过对黄金的具体操作来让投资者们认识各种黄金投资渠道。

图 2-16 所示为现货黄金在一段时期内的走势图。黄金走势在走出一个高点之后出现长时间的回落。但黄金毕竟有着保值的作用，当世界经济出现波动时，它的避险作用发挥，黄金估值开始上扬。

图 2-17 所示为对应时间内的白银走势图，白银和黄金同为贵金属。它们有着一致的保值属性，所以其价值变化也会呈现一定的相似性。白银在近期也有回升的走势。

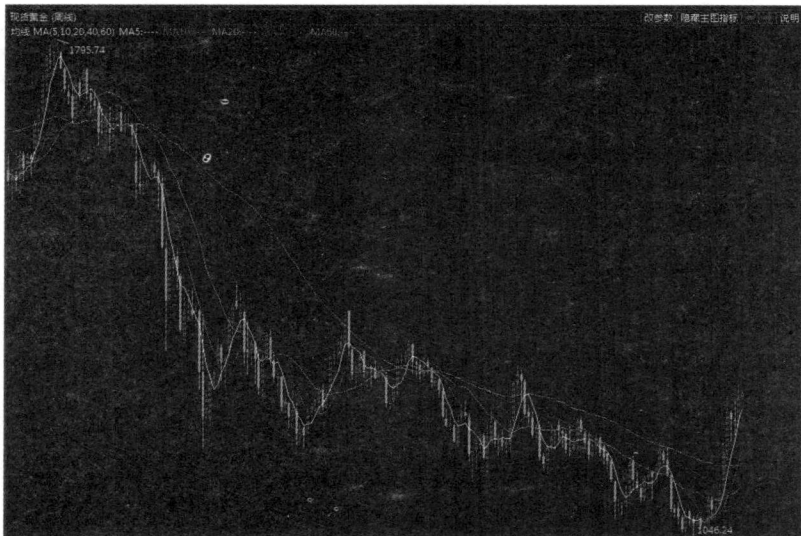

> 图 2-16　现货黄金走势

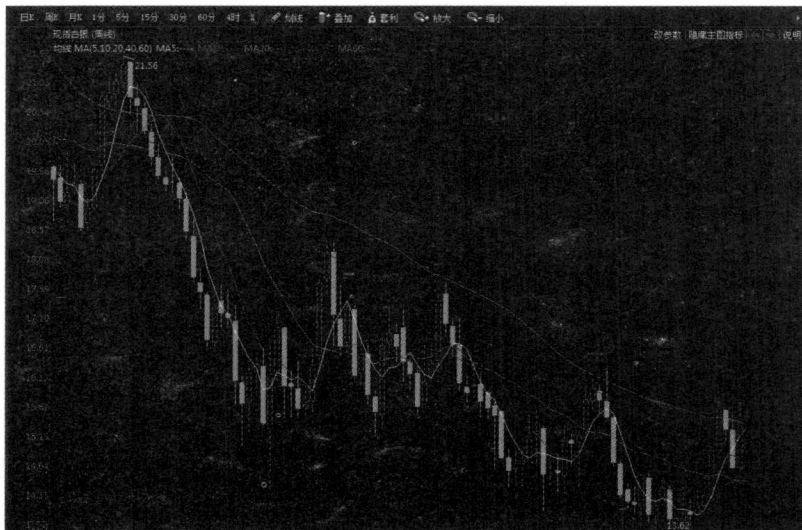

> 图 2-17　现货白银走势

　　投资黄金交易首先第一步：开户，然后才能进行交易。下面介绍现货黄金开户方法，具体操作如下。

（1）在百度搜索中搜索"上海黄金交易开户"，在搜索列表中找出黄金交易开户平台，如图 2-18 所示。

> 图 2-18　搜索"上海黄金交易开户"

（2）单击开户交易平台，进入平台页面。在平台页面中单击"开立真实账户"按钮进入，如图 2-19 所示。

> 图 2-19　单击"开立真实账户"按钮

（3）根据开户要求填写基本客户资料，并单击"立即开户"按钮，如图 2-20 所示。

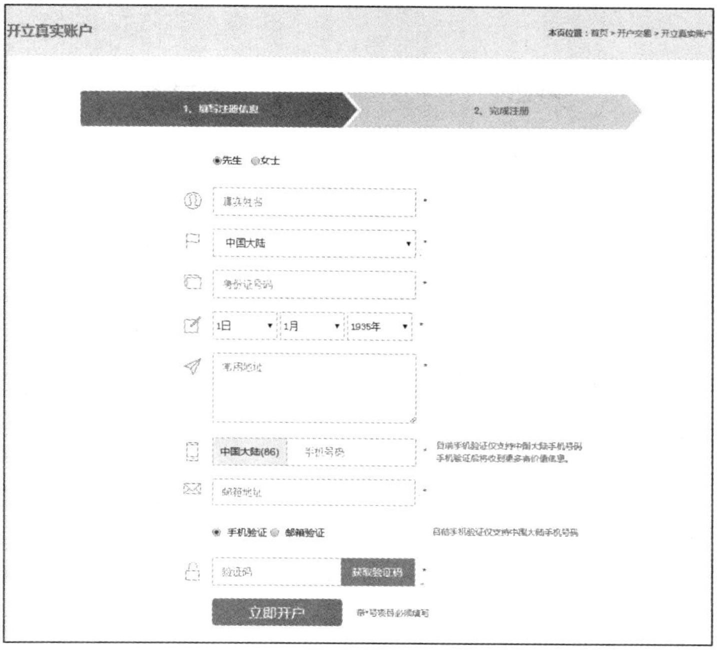

> 图 2-20　填写基本客户资料

（4）在开户成功后，投资者将获得一个账号及初始密码。交易平台会一并把账号和密码发送到保留的手机上，如图 2-21 所示。

> 图 2-21　开户成功

（5）客户在获得交易账号后，会有一个激活的过程。简单地说就是绑定银行账号，并进行转账的过程，如图 2-22 和图 2-23 所示。

> 图 2-22　账号注资激活

> 图 2-23　绑定银行账号

（6）交易软件下载。账户激活成功，投资者可以交易，但还需要一个交易软件。投资者可在网页首页的"下载中心"进行交易软件下载，如图 2-24 所示。

> 图 2-24　交易软件下载

（7）投资者在"下载中心"根据自己的需要下载交易软件，单击"免费下载"按钮，如图 2-25 所示。

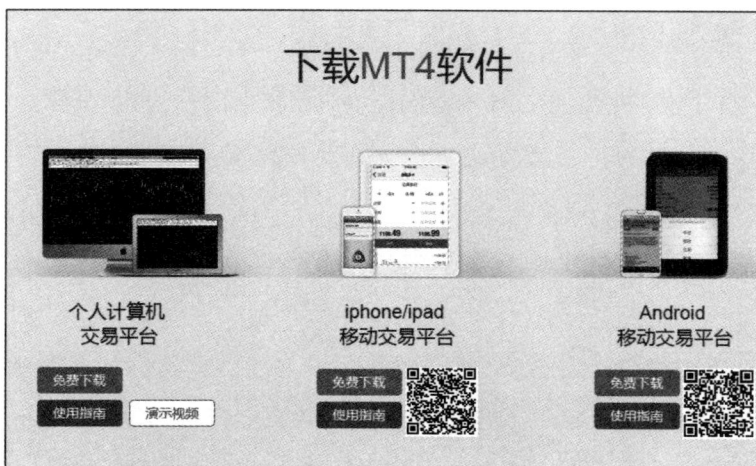

> 图 2-25　单击"免费下载"按钮

（8）软件安装后，登录软件，并进行交易，如图 2-26 所示。

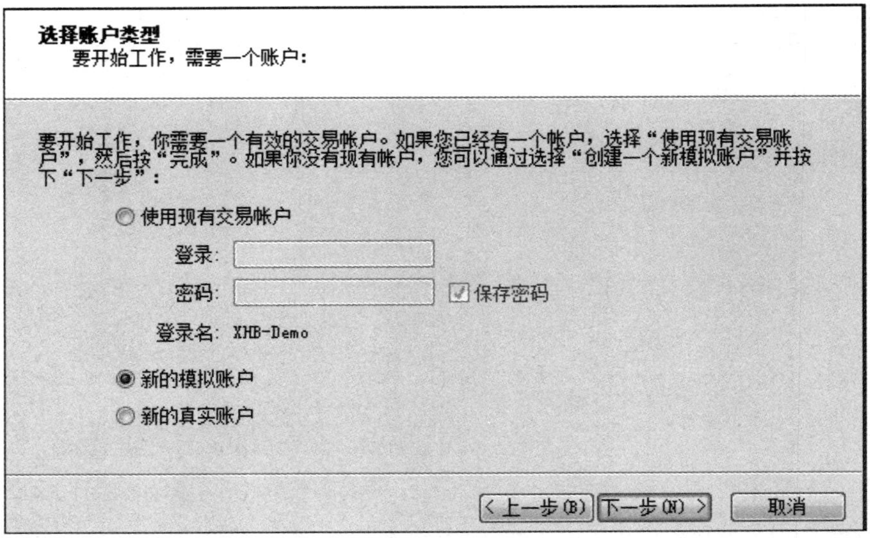

选择账户类型
要开始工作，需要一个账户：

要开始工作，你需要一个有效的交易帐户。如果您已经有一个帐户，选择"使用现有交易账户"，然后按"完成"。如果你没有现有帐户，您可以通过选择"创建一个新模拟账户"并按下"下一步"：

○ 使用现有交易帐户
    登录：_____
    密码：_____　　☑保存密码
    登录名：XHB-Demo

● 新的模拟账户
○ 新的真实账户

〈上一步(B)〉　下一步(N) 〉　　取消

> 图 2-26　登录软件

以上是整个黄金开户的流程，对于如何选择一家专业的现货黄金、现货白银的投资平台，投资者可注意以下几点细节。

投资平台的主要目的是赚钱，遇到免费开户、交易的情况要特别注意。

（1）好的交易平台都有专业的投资软件，不可轻信网页交易。

（2）在任何情况下，都不要向投资平台提供的私人账号转账。

（3）正规的贵金属交易平台，都有专属会员号，投资者可进行查询。

（4）正规的贵金属交易平台，一般都有自己的官方网站和客户电话。

对正规的黄金贵金属交易平台，投资者可选择上海黄金交易所和天津贵金属交易平台。前者是由央行组建，实行会员制；后者是在中国农业银行、光大银行或交通银行实行资金托管的金融机构。

六、黄金投资交易软件

股票有股票的投资软件，外汇有外汇的投资软件，对黄金等贵金属来说，自然也有属于自己的投资软件，下面我们就认识一下这些专业投资软件。

下面以集金号为例，集金号的主界面，如图 2-27 所示。

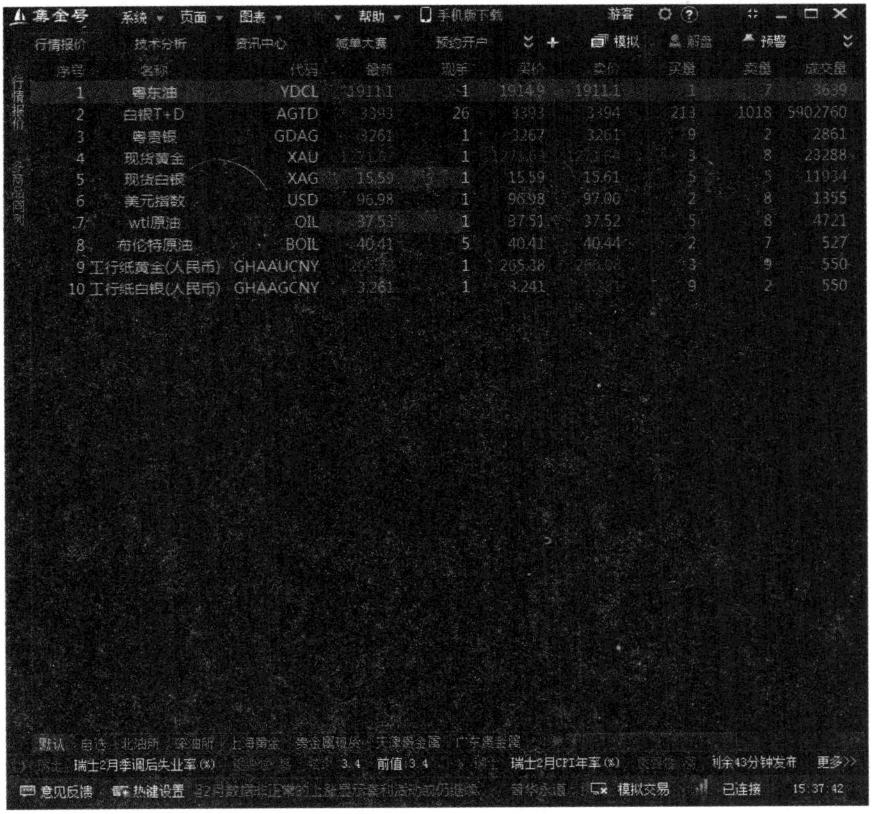

> 图 2-27　集金号的主界面

集金号交易软件包含多项交易内容，涵盖原油、贵金属、纸黄金、外汇、黄金期货等，可以满足投资者们的多项需求。

我们看对应现货黄金的交易品种，如图 2-28 所示。

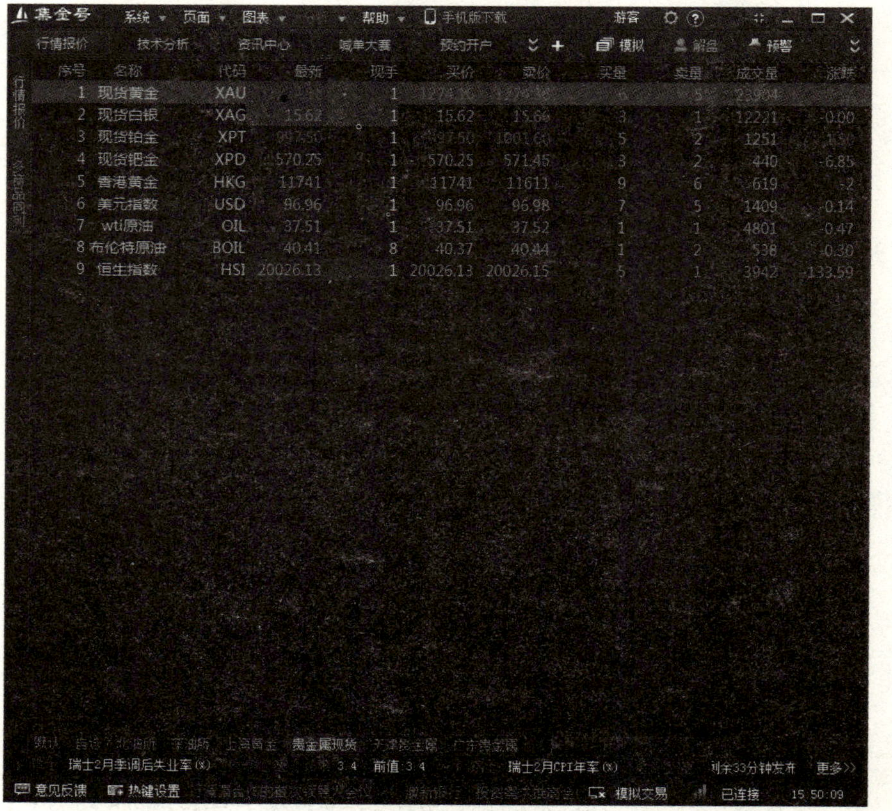

> 图 2-28　现货黄金的交易品种

对于以上交易类别的转换，投资者可通过软件下方的产品类别选项卡来实现。例如，前文提到的上海黄金交易所和天津贵金属交易所，如图 2-29 所示。

在图 2-29 中我们标出了对应的上海黄金和天津贵金属的选项卡，投资者们可通过选项卡找出自己的交易品种。

投资者们在找到自己的交易品种后可双击选项，对交易品种做更详细的分析，如图 2-30 所示。

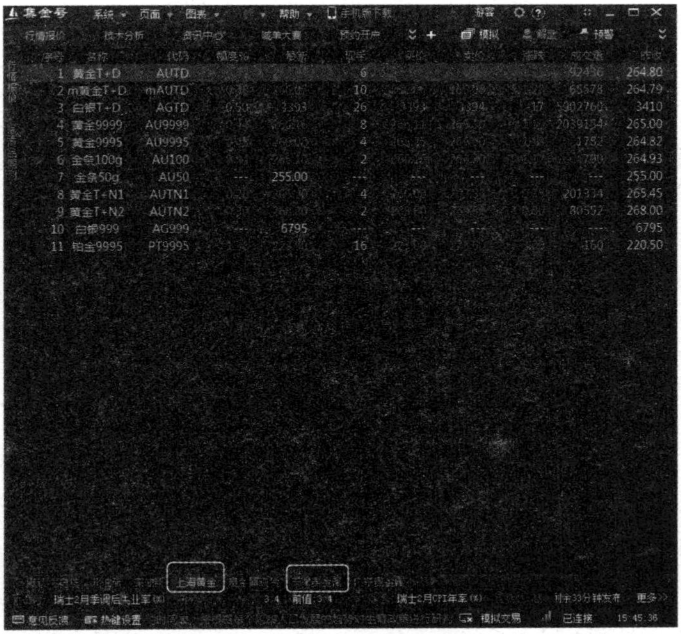

> 图 2-29　交易类别的转换

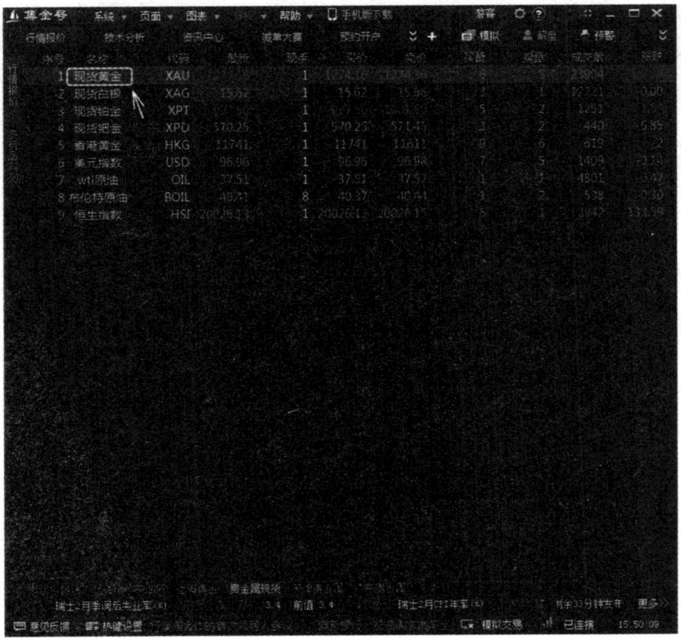

> 图 2-30　找到自己的交易品种后可双击选项

双击交易选项后，将出现该交易品种的详细走势，当时的分时图，如图 2-31 所示。

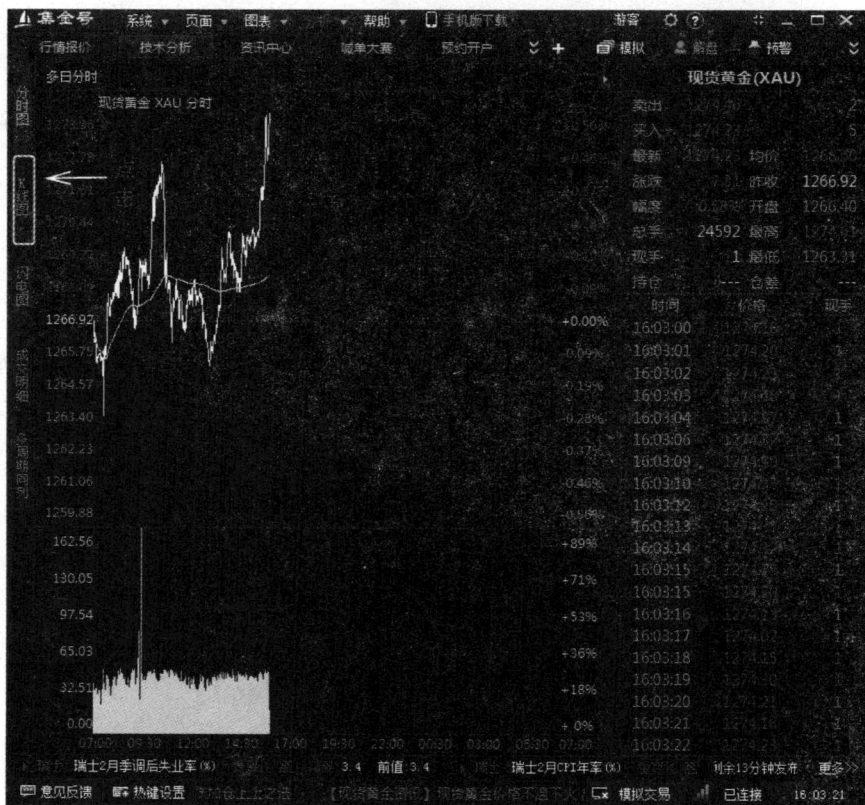

> 图 2-31　交易品种的详细走势

在双击后投资者们将看到具体种类的分时图，反映当下的市场走势。便于投资者们快速交易，了解市场行情。

在分时图的边沿我们能看到 K 线图的选项卡，投资者们单击选项卡，进入 K 线走势图，如图 2-32 所示。

K 线走势图反映了更长时间的价格走势，这样投资者们就能在更长的时间段内分析价格处于的位置，以及更长期的价格变化轨迹。

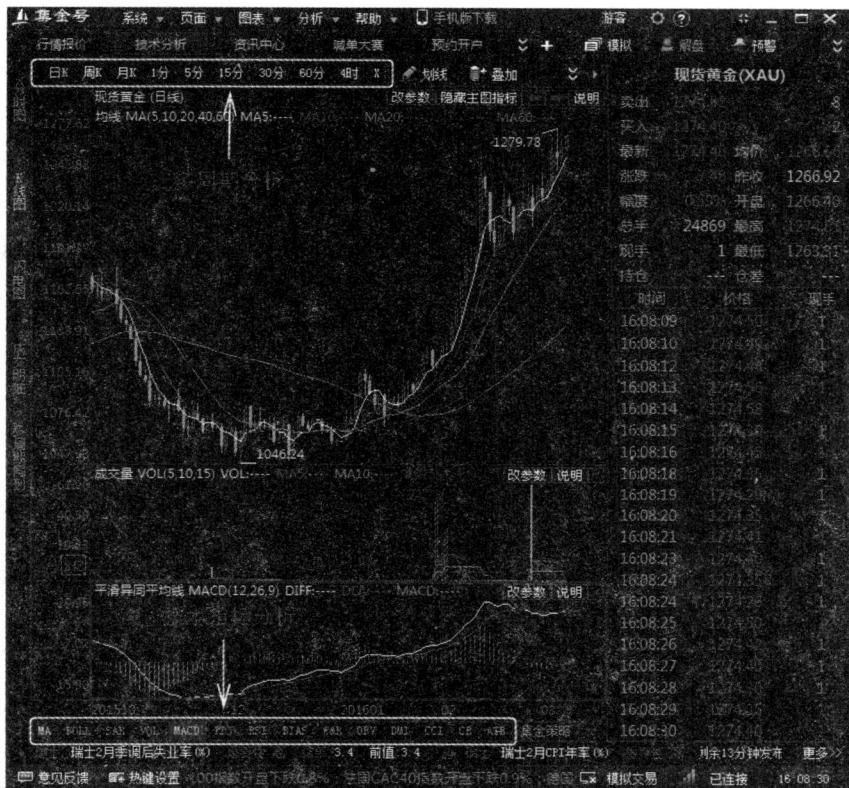

> 图 2-32　K 线走势图

在图 2-32 中投资者们还可以根据不同周期，做出多方面的评估，以及合理、正确的决策。

在 K 线走势图的下方，投资者们也能看到各种技术指标的使用，这些指标的使用也能帮助投资者们把握价格的变化情况。

当然以上的分析是技术分析，投资者们还可以通过单击咨询中心选项卡，进入其中，分析消息面的影响，以及基本面的影响变化，如图 2-33 所示。

单击图 2-33 中的资讯中心选项卡，投资者们即可进入基本面分析。

进入资讯中心后，单击消息，分析对价格的影响。做出合理的买卖决定，如图 2-34 所示。

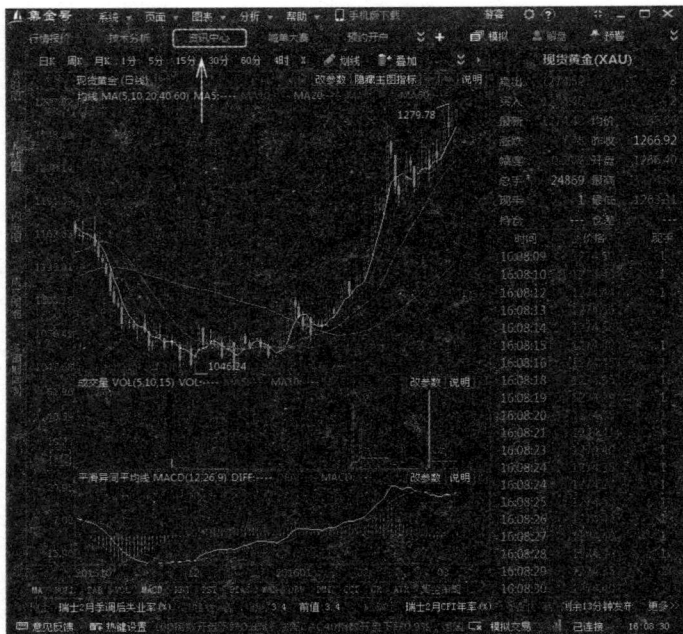

> 图 2-33　分析消息面

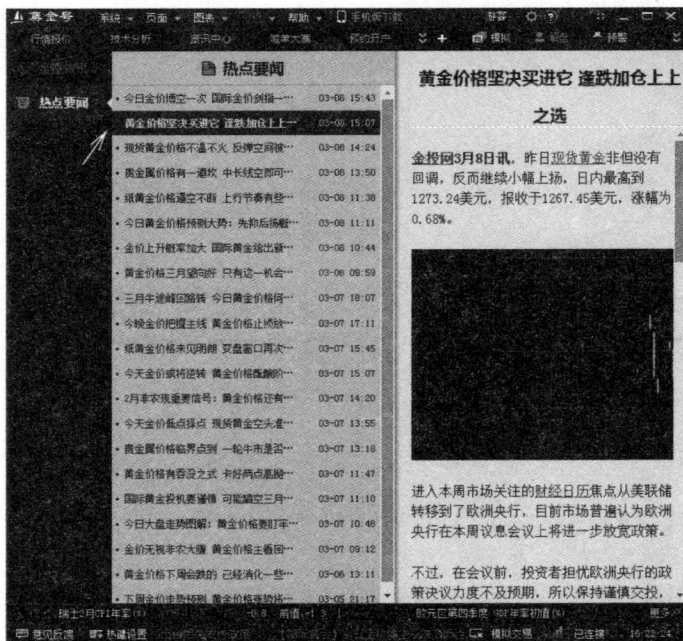

> 图 2-34　资讯中心

以上的内容是根据现货黄金操作，投资者依此类推即可了解黄金期货、外汇、纸黄金等的操作。

在此附录一份黄金产品投资对比，希望能对投资者的投资有所帮助，如表 2-2 所示。

表 2-2　黄金产品投资对比

对比项	纸黄金	黄金期货	黄金T+D	现货黄金	实物黄金
报价方式	人民币/克	人民币/克	人民币/克	美元/盎司	人民币/克
交易单位	10克/手	1 000克/手	1 000克/手	100盎司/手	
交割方式	不能提取实物	平仓或实物交割	平仓或实物交割	不能提取实物	
交易方式	单向T+0	双向T+0	双向T+0	双向T+0	
交易机制	随时成交	撮合成交	撮合成交	即时成交	即时成交
资金保障	银行产品	银行第三方托管	银行第三方托管	银行第三方托管	
保证金比例	100%	7%～15%	10%～20%	1%	100%
交易成本	较高，手续费0.8元/克	手续费60元/千克，交割费0.1元/克	双边3‰，递延费2‰，交割费0.1元/克	50美元/手	12元/克或总价的1.7‰
最后交易日	无固定期限	合约交割月份的15日	无固定期限	无固定期限	无固定期限
交易时间	中国银行：周一9:00～16:00；中国工商银行/中国建设银行周一7:00～周六16:00	周一至周五9:00～11:30，13:30～15:00，21:00～2:30	周一至周五9:00～11:30，13:30～15:30；周一至周四晚上21:00～2:30分	周一至周五24小时交易，每日凌晨4:00～6:00结算	随时可进行交易
交易步骤	网上银行操作较为简便	操作较为复杂	操作较为复杂	操作较为复杂	操作较为简单
适合期限	长短期皆合适	合约约定	适合短期投资	长短期皆合适	适合长期投资

○ 第 3 章

增长指标里的
理财玄机

一、决策者关注的 PMI

根据 CPI 的变化可以帮助人们判断经济的走势，当然在此之外人们还会关注另外一个数据，它和 CPI 一样，反映未来经济的走势，它就是 PMI。

1. PMI 的内容

PMI（采购经理人指数）体系涵盖着生产与流通、制造业与非制造业等领域，是国际上通行的宏观经济监测指标体系之一，对国家经济活动的监测和预测具有重要作用。它在宏观经济决策中起着不可忽视的作用。

PMI 数据分为制造业和非制造业数据两种，如图 3-1 和图 3-2 所示。目前在我国，制造业数据较为完备，非制造业数据还在探索试验阶段。PMI 的每项指标均反映了商业活动的现实情况，综合指数则反映制造业或服务业的整体增长或衰退。

目前，中国物流与采购联合会发布的 PMI 指数分为制造业 PMI 和非制造业 PMI，其样本量分别为 820 家和 1 200 家企业。PMI 的发布时间往往比政府报告和数据统计要提前很多，同时，PMI 统计中所选的指标又具有先导性，所以 PMI 是一个监测经济运行的及时、可靠的先行指标，得到政府、商界与广大经济学家、预测专家的普遍认同。

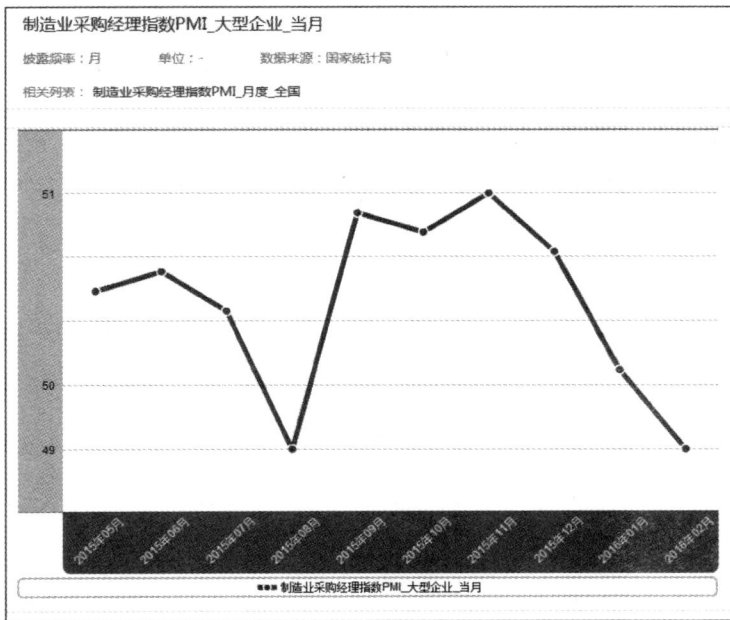

> 图 3-1　制造业 PMI 走势图

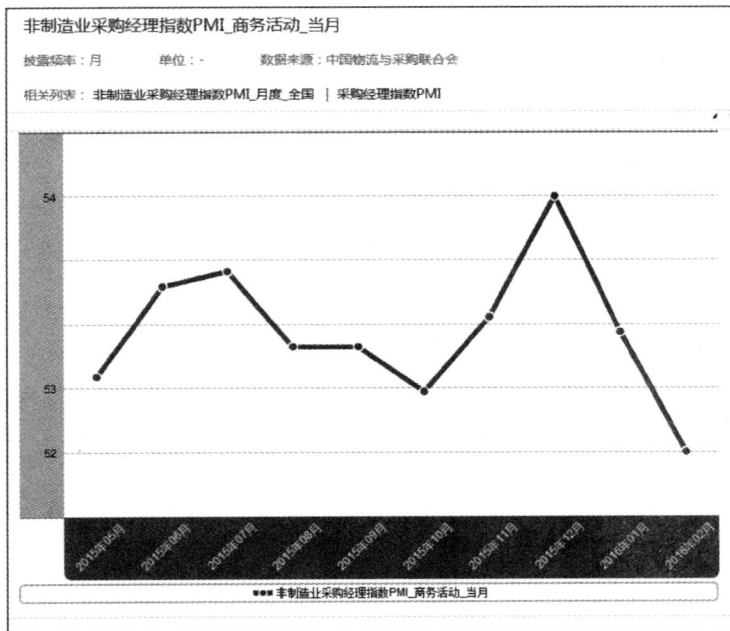

> 图 3-2　非制造业 PMI 走势图

为进一步提高 PMI 指数的代表性,国家统计局服务业调查中心和中国物流与采购联合会正在努力扩充 PMI 调查的样本量,其中,制造业 PMI 样本量准备从 820 家逐步扩充到 3 000 家左右,非制造业样本量初步研究将扩充到 8 000 家左右。

目前所公布的 PMI 涵盖了大中小各类企业,其中,样本数量的分布上,大致 60% 是大型企业,20% 左右是中型企业,10% 左右是小型企业。不过,国家统计局表示,未来在样本覆盖中将进一步根据经济实际结构和社会需求增加中小型企业的关注,如图 3-3 和图 3-4 所示。

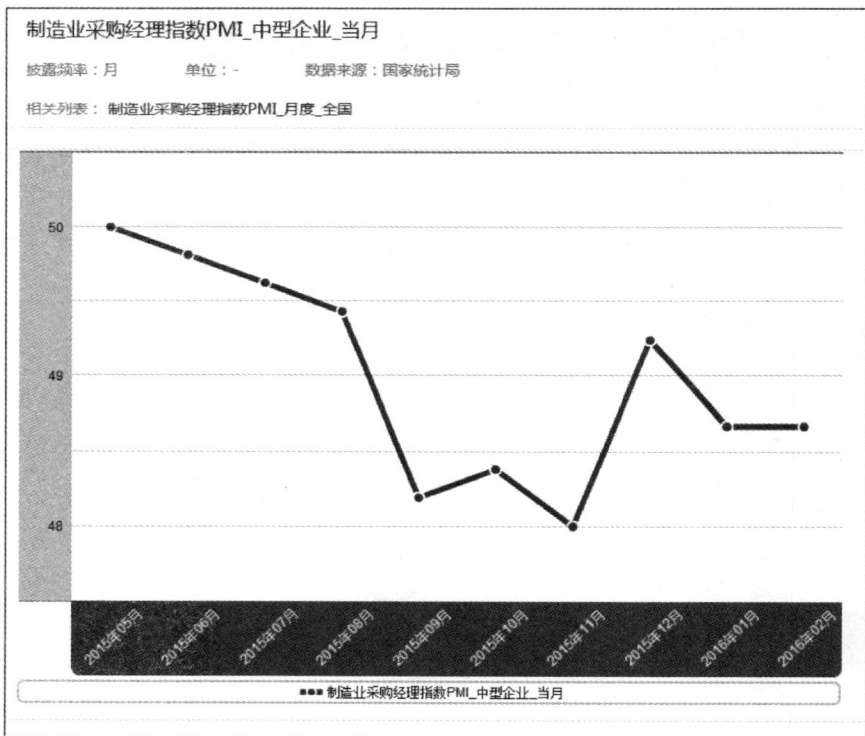

> 图 3-3 制造业中型企业 PMI 走势图

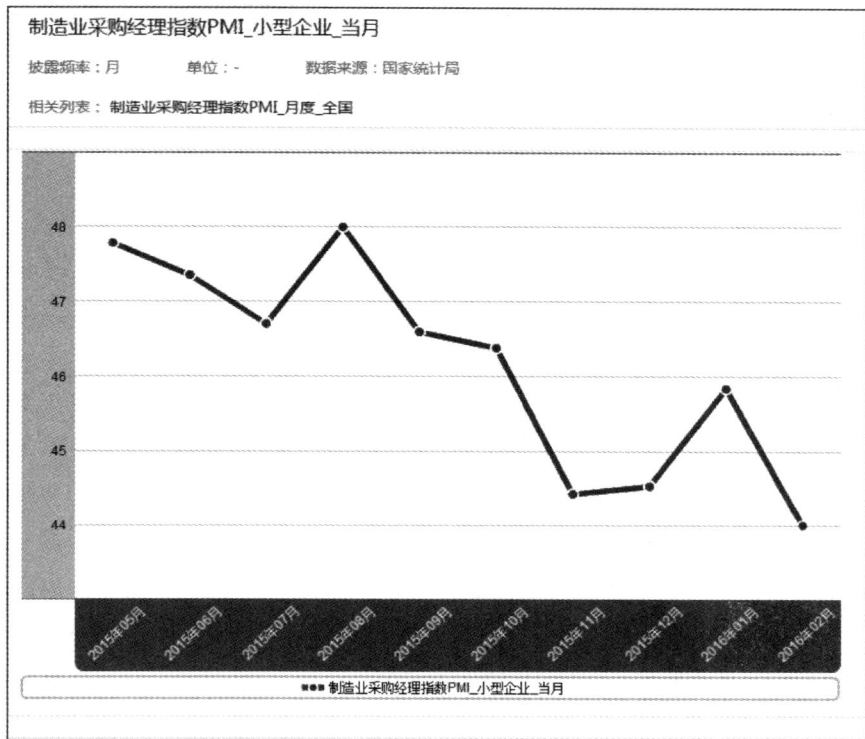

> 图 3-4　制造业小型企业 PMI 走势图

　　对于非制造业 PMI 样本的扩容，目前已经同相关部门进一步沟通，将银行、证券、保险和期货等金融行业逐步扩容到非制造业的 PMI 中。

　　PMI 指数一般以 50 作为一个分界线，就是业内经常会提及的荣枯分水线。当 PMI 大于 50 时，说明经济发展比较兴奋，当 PMI 小于 50 时，说明经济发展情绪不高。PMI 略大于 50，说明经济发展在微笑着缓步前行；PMI 略小于 50，说明经济稍显疲惫，需要稍做调整，才能继续前行。

　　同理，具体到特定的行业上来，上述关系也是成立的。就制造业来说，一般情况下，汇总后的制造业综合指数高于 50，表示整个制造业经济都在振奋登高；低于 50 则表示制造业经济萎靡不振，需要加油打气。

2. PMI 的作用与特点

PMI 指数采取快速、简便的调查方法，每月第一个工作日发布，在时间上大大早于其他官方数据，是所有宏观经济序列数据中滞后期最短的，它也就成为经济监测的一个重要先行指标。因此，及时性与先导性是 PMI 指数的最大特点之一。

综合性与指导性强也是 PMI 一个鲜明的特点。作为一个综合的指数体系，尽管 PMI 指标不多，但其高度涵盖了经济活动的多个方面，其综合指数能反映经济总体情况和总的变化趋势，各项指标又能反映企业供应与采购活动的各个侧面，有助于详细分析行业发展走势的成因，为国家宏观经济调控和指导企业经营提供重要依据。

同时，PMI 问卷调查直接针对采购与供应经理，取得的原始数据不做任何修改，直接汇总并采用科学方法统计、计算，保证了数据来源的真实性。同时进行季节性调整，消除季节性波动、法规制度和法定假日等因素变化所造成的影响，因此具有很高的可靠性。

通过 PMI 我们可以及时监测和预测经济与商业活动中出现的问题和趋势，使政府对宏观经济的研判建立在科学的基础上。而且，PMI 指数有利于指导企业的采购、生产、经营等活动，PMI 及基于 PMI 的商务报告对企业实际经营活动具有极强的指导作用。相应的，投资者也可以根据整体经济状况对市场的影响，确定适合自身的投资策略。

3. 官民 PMI

2012 年 5 月初，国家统计局和汇丰银行先后发布了 4 月份的 PMI。汇丰银行发布的 PMI 终值显示为 49.3，较 3 月份的 48.3 略有回升，但依然处于荣枯分界线 50 以下，显示中国制造业运行依然处于收缩阶段；而国家统计局于 5 月 1 日公布的官方 PMI 数据显示，4 月份 PMI 指数为 53.3，比 3 月份上升了 0.2。

不同机构发布的两个 PMI 数据分别位于荣枯线的两边，存在明显的矛盾，那么，是否意味着上述两个数据至少有一个数据出现了偏差？

国家统计局公布的 PMI 指数和汇丰银行公布的 PMI 数据，前者被称为是官方的 PMI，后者被看作是民间的 PMI，双方打架的情况并非首次。

纵观近年的 PMI 指数，官方 PMI 与民间 PMI 即使是数值上有所差异，两者在趋势上也是一致的，未出现一个大幅降落、一个强势增加的情况，只是从 2010 年以来曾出现过 5 次分居荣枯线两侧的情况。

2010 年 7 月份的官方 PMI 和汇丰 PMI 均创下了数十月来的新低，而且，官方 PMI 和汇丰 PMI 仍然有一定程度的背离。官方 PMI 尽管跌至 51.2，但仍旧处于 50 的荣枯线之上，表明制造业仍旧处于扩张阶段；而汇丰 PMI 却跌至 49.4，已经处于 50 的荣枯线之下。

2011 年 7 月份同样的情形再度出现，官方 PMI 为 50.70，汇丰 PMI 却为 49.3。同样，9 月份，官方 PMI 为 51.20，汇丰 PMI 为 49.9。

2011 年 12 月份和 2012 年 1 月份的 PMI 数据中，官方 PMI 分别为 50.3、50.5，汇丰 PMI 则为 48.7、48.8，均在荣枯线上、下。

究其差异的起因，首先从样本数上，就能发现明显的不同。

目前，中国官方 PMI 的调查样本有 820 家企业，覆盖较全面，以大企业为主；而汇丰 PMI 的考察样本企业大概有 420 多家，涵盖的是中小民营企业。

我们再从细项数据上来进行分析。

以 2012 年前后的一组数据对比为例,2012 年 2 月 1 日,中国物流与采购联合会宣布 1 月份官方 PMI 为 50.5,较 2011 年 12 月份回升 0.2 个百分点。

同一天,汇丰 PMI 数据为 48.8,虽有所回调,但仍持续在荣枯线以下。

从分项指标来看,其中,新出口订单指数也出现不合。官方公布的 PMI 数据中,反映需要的新订单指数为 50.4,比上月回升 0.6 个百分点。而汇丰 PMI 数据中,新订单量整体已连续 3 个月下降。两组指数中,由于新出订单的一升一降,也会影响到总指数的变化。

与汇丰 PMI 比较,官方 PMI 与 GDP 有着更高的相关性,因为 GDP 代表着宏观经济的远期趋势,官方 PMI 更能反映宏观经济的整体走势。

两个数据看似在打架,细心剖析,其实并不相悖。它们俩一个看着远方,反映经济发展的长期趋势;另一个看着脚下,反映经济的当前事实。

二、PMI 中的股市投资机会

PMI 对经济的预测性大多数时候都非常准,因此众多的投资者开始习惯把 PMI 看作股市的"风向标"。

2009 年 9 月初,股市先抑后扬,收出久违的七连阳,如图 3-5 所示。专业人士认为其原因是 9 月公布的 PMI 比上月升了 0.7 个百分点,为 54.0%,创出 2009 年年内新高。漂亮的 PMI 数据使得证券市场受到激励,因而产生向上的强劲动力。

> 图 3-5　2009 年 9 月指数 K 线走势图

　　PMI 和股市的联系真的有那么神奇吗？其实，股市走势同资金的
流动性多寡关系更加紧密，同 PMI 关系则相对松散。

　　2009 年 1～7 月股市气势如虹上涨了 70%，PMI 综合指数的变
化与工业增加值环比增长指数却都没超过 50，1～4 月甚至还处在下
滑状态。反倒是股市的上涨，使得证券市场停了近一年的再融资得以
恢复，反过来拉了 PMI 一把，助推了 PMI 的回升。

　　当然投资者们也不需要怀疑股市与 PMI 之间的关系，股市本身反
映的就是对未来预期的看法。股市在前一段时间的上扬，正是对未来
经济变好的反映。PMI 在随后有所反映也属正常现象。

　　从长期历史经验来看，PMI 不仅和工业经济相关，还具有一
定的先导性。PMI 数据转折，一般领先经济转折 1～4 个月不等。

2009 年以来，多次出现 PMI 的表现和证券市场的走势不同步的情况，一定程度上说明 PMI 不仅仅是一个先导指标，还是一个综合性的指标。

在低谷转折时，PMI 较为迟钝，前导性不明显，使人们不易看到 PMI 与股市的联动关系。反之，在峰顶转折时，因为 PMI 反应过早，领先甚至可能几个月之久，PMI 和股市的相关性也会显得比较模糊。在这两种情况下，盲目跟从 PMI 的投资者很容易就被绊倒，掉进坑里，而要认真分析 PMI 的变化是否已反映在股价的变化之中，做出正确的判断。

PPI、CPI 各类指数大多与大盘走势并没有直接的相关联系。但是，这些不同指数的公布，会引发市场参与者对未来经济的不同心理预期，并由此主导市场参与者在股票市场的买卖行为。这些指数在不同阶段背景下的不同数据，会引发截然不同的市场心理预期，从而可能引发不同的股票市场走势。

2012 年 4 月，我国宏观经济数据明显恶化。消费、投资与出口"三驾马车"的增速同时放缓。2012 年 5 月 24 日公布的数据显示，中国 5 月汇丰 (HSBC) 制造业 PMI 值自上月终值 49.3 滑落至 48.7，连续第 7 个月处在荣枯分水线下方。

经济下行压力加大，引起管理层的高度重视。于是高层密集在各地调研，频频释放"稳增长"的信号。2012 年 3 月以后，铁路、公路等基础建设投资均有明显提速。随着稳增长信号的释放，基础建设投资步伐加快，铁道部获 2 万亿元银行授信、民间资本进入铁路建设、央企向重庆投资 3 500 亿元等从侧面印证了管理层的态度和决心。

随着稳增长信号的频频释放，市场开始关注在经济下行背景下哪些板块受益于政策的推动。如与基建投资相关的机械、房地产、建筑建材行业，以及产业政策扶持的板块，如医药、证券、文化传媒等行业，值得引起股民们的关注。

我们看当时的股市走势对比，如图 3-6 所示。

> 图 3-6　2012 年指数走势图

2012 年 PMI 指数长期处于荣枯分水线之下，经济发展活力不够，拖累股市长期下滑。股市反映的是实体经济的好坏，当 PMI 长时间处于 50 以下，经济缺乏反弹的动力。股价也自然难有起色。

但在 PMI 处于 50 以下，一些稳增长的政策出台又带来了一些投资机会，如图 3-7 所示。

随着稳增长的政策出台，高铁等基建板块迎来投资良机。股价也出现大幅的上升。

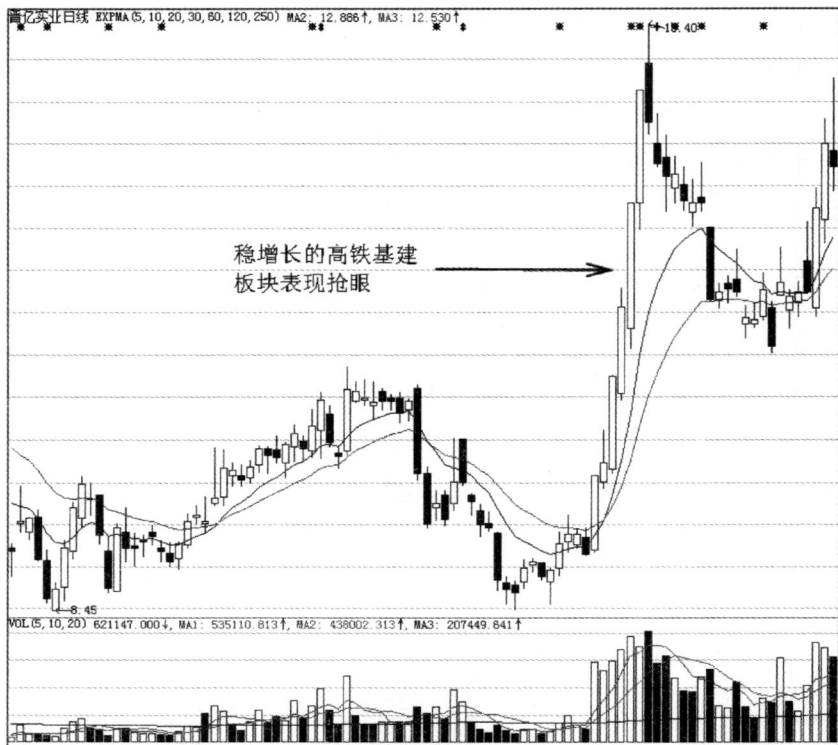

> 图 3-7　高铁板块个股走势图

　　由此我们可以看到，PMI 会影响资本市场不假，但投资者需要正确解读。把 PMI 看作股市的"风向标"，也许有失偏颇。但不对经济的基本面进行解读，投资更显盲目。也许 PMI 不理想，但又会带来政策的"风口"；也许 PMI 表现亮眼，但这时股价早已反映经济前景，并已经严重透支发展成果，股市也仍将回落。希望投资者们能正确把握经济数据与股市的关系，为自身的投资保驾护航。

三、"稳增长"的基金理财

　　小明，去年刚大学毕业，应聘到一家工作室工作，每月固定的收

入 3 000 元，各项补助及奖金 2 000 元。他目前租房居住，每月房租
1 200 元，生活消费 1 000 元，交通费 400 元，电话消费 100 元。每
个月留存下来的钱也不多。

他现拥有活期存款 12 万元，其中父母资助 10 万元，定期存款 2
万元。现在还没有车贷、房贷的负担，因此没有任何的负债，风险承
受能力中等。

最近他打算将手里的活期存款的一部分用来投资理财。他觉得投
资股票风险太高，定期回报率又太低，对于他自身来说，他偏好一些
低风险的理财。

对于小明来说，工作稳定，但是工作性质又决定平时要投入很多
的精力，那么用来理财的时间就较少，而且他属于低风险偏好人群。

针对这样的问题，那么投资相对稳定的基金就是一个非常好的投
资。不需要花费太大的精力，也能获取不错的收益，两全其美。

1. 基金的优势

基金投资是一种相对稳健、风险较低的投资方式。基金能受到投
资特别是中小投资者的青睐，关键原因在于其突出的优点。具体来说，
基金有如下六个优点。

（1）专业管理、专业投资、专业理财

基金管理公司配备的投资专家，一般都具有深厚的投资分析理论
功底和丰富的实践经验，用科学的方法研究股票、债券等金融产品，
组合投资，规避风险。

相应的，一方面基金管理公司每年都会从基金资产中提取一定的
管理费，用于支付公司的运营成本。另一方面，基金托管人也会从基
金资产中提取托管费。

此外，开放式基金持有人需要直接支付的有申购费、赎回费及转

换费。封闭式基金和上市开放式基金（LOF）的持有人在进行基金单位买卖时要支付交易佣金。

（2）组合投资，分散风险

基金通过汇集众多中小投资者的资金，形成雄厚的实力，可以同时分散投资于股票、债券、现金等多种金融产品，分散了对个股集中投资的风险。

（3）方便投资，流动性强

基金最低投资量起点要求一般较低，可以满足小额投资者的需求，投资者可根据自身财力决定对基金的投资量。基金大多有较强的变现能力，使得投资者收回投资时非常便利。

（4）严格监管，信息透明

为切实保护投资者的利益，增强投资者对基金投资的信心，中国证监会对基金业实行比较严格的监管，对各种有损投资者利益的行为进行严厉打击，并强制基金进行较为充分的信息披露。在这种情况下，严格监管信息透明也就成为基金的一个显著特点。

（5）独立托管，保障安全

基金管理人负责基金的投资操作，本身并不经手基金财产的保管。基金财产的保管由独立于基金管理人的基金托管人负责。这种相互制约、相互监督的制衡机制对投资者的利益提供了重要的保护。

（6）投资起点低，费用低，方便投资

投资基金最低投资额一般都比较低，1 000元就可以进行投资，并且手续费也比较低，投资者可以根据自己的能力购买基金。此外，基金在税收上通常也享有优惠。

2. 基金的种类

基金的种类繁多，不同种类的基金，风险和收益水平各有不同，其交易方式也有差别。购买基金前，首先就要弄明白基金的种类，然后再选择适合自己的一只或多只基金，构建自己的投资组合。在此，详细介绍以下几种基金分类方法。

（1）根据基金规模是否固定来划分，可分为开放型基金与封闭型基金。

开放型基金是指基金设立时，其基金的规模不固定，投资者可随时认购基金受益单位，也可随时向基金公司或银行等中介机构提出赎回基金单位的一种基金。

封闭型基金则是指在设立基金时，规定基金的封闭期限及固定基金发行规模，在封闭期限内投资者不能向基金管理公司提出赎回，基金的受益单位只能在证券交易所或其他交易场所转让。

（2）按投资策略，基金又可以分为积极成长型基金、成长型基金、价值型基金、平衡型基金、保本型基金等。

积极成长型基金，以追求资本的最大增值为操作目标，通常投资于价格波动性大的个股，择股的指标常常是每股收益成长、销售成长等数据，最具冒险进取特性，风险与报酬均最高，适合冒险型的投资者。

成长型基金，以追求长期稳定增值为目的，投资标的以具有长期资本增长潜力、素质优良、知名度高的大型绩优公司股票为主。该类基金的投资重点并不着眼于股票的现价，而是预期未来股价表现会优于市场平均水平。

价值型基金，以追求价格被低估、市盈率较低的个股为主要策略，旨在买入那些暂时被市场所忽视、价格低于价值的个股，预期股价会重返应有的合理水平。

平衡型基金，以兼顾长期资本和稳定收益为目标。通常有一定比重资金投资于固定收益的工具，如债券、可转换公司债等，以控制风险、获取稳定的利息收益，其他的部分则投资股票，以追求高收益。一般是把资产总额的 25% ～ 50% 投资于债券，其余的投资于普通股。其风险、报酬适中，适合稳健、保守的投资者。

保本型基金，以保障投资本金为目标，将部分资金投资于国债等风险较低的工具，部分资金投资于股票，而投资股票的部分份额可能会根据基金净值决定，净值越高，可投资于股票的部分就越高。在国内，保本型基金基本都有第三方担保。要提醒广大投资者的是，保本基金并非在任何时间赎回都可保本，在保本期到期之前赎回，也可能面临本金损失的风险。

按投资对象可将基金分为货币型基金、股票型基金、债券型基金和配置型基金四大类。

其中配置型基金是在股票和债券两类产品中进行配置，又被称为混合型基金，它还可以细分为偏股型、偏债型、股债平衡型。

3. 如何选择基金

投资股票，既可以从股票的价差中获利，也可以获取上市公司的分红。那么投资基金呢？引起投资者关注的还是基金的分红。对于打算投资基金的朋友，当你面对着市场上品种繁多、概念复杂的开放式基金眼花缭乱、不知如何选择的时候，我们应该以何种标准来判断？

事实上，一只基金的好坏在短时间内是很难看出来的，只有经过牛市、熊市的锤炼，在相当长的时间内都能保持较好的收益，这样才能具有说服力。而且作为投资者，将自己多年积累的真金白银悉数托付出去，一定要找个值得信赖的人。下面我们就来看看如何选基金。

投资策略是否合理。基金的投资策略应符合长期投资的理念。一方面，投资人应避免持有那些注重短线投机及投资范围狭窄的基金。另一方面，基金经理应该有丰富的投资经验，这关系到基金管理人的过往业绩的持续性，必须重点考察。

此外，基金应设有赎回费以减少投资者短期操作的意愿，并采取比较客观公正的估值方法以保证基金资产净值准确地反映其持有资产的当前价值。

（1）费用是否适当。投资人应该把营运费用过高的基金排除在选择范围之外。营运费用指基金年度运作费用，包括管理费、托管费、证券交易费、其他费用等。

一般而言，规模较小的基金可能产生较高的营运费率，而规模相近的基金营运费率应大致在同一水平上。对于有申购费的基金而言，前端收费比后端收费长期来看对投资人有利。

（2）信息披露是否充分。基金的信息披露是否充分，一方面体现了对投资人的尊重和坦诚，另一方面则关系到投资人能否充分了解其投资策略、投资管理和费用等关键信息。

信息披露除了通常情况下披露投资策略、基金经理的名字及其背景之外，当投资策略有重大调整、基金经理的职权甚至人员发生变更时，基金应当及时地、完整地发布公告。投资人还应注意，基金经理是否坦诚地陈述与评价其投资定位和业绩表现，具体可关注年度报告中基金经理工作报告。

（3）管理人是否与投资人利益一致。如果有可能，投资人还应当了解基金经理及高层管理人员的报酬机制，尤其是与业绩挂钩的奖金的发放制度。因为基金公司的激励机制应建立在投资者利益最大化的基础上，而不是基金公司股东利益最大化。

（4）明确自己应该购买哪一类基金产品。基金类型的分类，是基于投资对象不同确定。比如，60% 以上资产投资于股票的称为股票型基金。由于不同类型的基金其风险和收益比重也各不相同，因此投资者在投资基金时要明确自己应该购买哪一类基金产品。

比如,看好未来股市行情的话,就可以考虑增加对股票型等风险收益偏高的基金购买。

(5)基金公司是否值得信赖。一个值得信赖的基金公司是最先需要考虑的标准。值得投资者信赖的基金公司一定会以客户的利益最大化为目标,其内部控制良好,管理体系比较完善。

与此同时,基金经理人的素质和稳定性也很重要。变动不断的人事很难传承企业文化,对基金操作的稳定性也有负面的影响。有了公司做保障之后,就要细细研究一下这只基金的表现如何了,其以往业绩是值得参考的一方面内容。

(6)基金的投资期限是否与你的要求相符。一般来说,投资期限越长,投资者越不用担心基金价格的短期波动,从而可以选择投资更为积极的基金品种。如果投资者的投资期限较短,则应该尽量考虑一些风险较低的基金。

(7)投资者所能承受的风险大小。一般来讲,高风险投资的回报潜力也高。然而,如果投资者对市场的短期波动较为敏感,便应该考虑投资一些风险较低、收益较为稳定的基金。假使投资者的投资取向较为进取,并不介意市场的短期波动,同时希望赚取较高的回报,那么一些较高风险的基金或许更加适合投资者的需要。

总之,新手购买基金之前一定要注意加强学习,毕竟花点时间先了解清楚再做投资也不迟。反之,头脑发热、心理浮躁都会影响自己做出正确的判断。

4. 基金的操作技巧

任何投资都是有风险的,基金投资也一样。一般基金管理人会将基金资产的 80% 以上投资于股票市场和债券市场,而股票的价格和股息的分派会有很大的不确定性,所以基金带来的实际收益会随着股票市场和债券市场的起伏而变化。一旦股票和债券价格大幅度下跌时，基金也不会有好的收益。

同时，基金还有运行风险，即基金内部和基金管理人出现问题的时候，也会给投资者带来损失。

为了尽可能避免风险，获取盈利，投资者除了要对所购买的基金有深入透彻的了解之外，还有必要下功夫学习操作基金的技巧。

（1）选准最佳购买时机。俗话说："买得好不如买得巧。"在购买基金时，选准最佳购买时机是非常重要的。如果在不恰当的时机购买了基金，不但会增大投资的成本，而且还会导致被套牢的风险。

（2）适度分散投资风险。无论是股票也好，基金也好，长期来看，收益率远大于银行存款或是债券，可是为什么仍有大量的资金没有投资于股票或基金上呢？

心理学家早就给出了答案：盈利 10% 给投资者带来的快乐，远远小于亏损 10% 给投资者带来的痛苦。为了避免痛苦，所以不少投资者选择了没有风险的银行存款。而投资者一定要记住巴菲特的一句名言："投资成功应当记住两个原则，一是不要亏损，二是记住第一条原则。"

（3）留心所选基金的变化。基金受投资理念更替、操作策略变化等因素的影响，业绩也会出现波动，所以购买基金之后切不可束之高阁，不管不问，而必须密切留心所选基金的任何变化，以做到防患于未然。

（4）定期定额投资基金是首选。定期定额投资基金是大多数朋友的首选投资方式。所谓的定期定额投资是指每月从存款账户中拨出固定金额来进行投资。由于进场时点分散，平摊了投资成本，风险也同时分散。同时，定期定额更看重时间的复利效果，适合中长期的目标理财，杜绝了投机性质的投资行为，为投资养成有规律、有系统的理财习惯创造了条件。

（5）货比三家省费用。对于一个精明的投资者来说，货比三家才是投资的"王道"，选择基金也是一样。投资基金要付出一笔不小的交易费用，如何选"性价比"更高的基金呢？

不少基金公司和银行都推出了基金申购费用的优惠，特别是网上购买基金一般都可以享受到交易费用 4 ～ 6 折的优惠。投资者可以从基金公司的网站上直接购买基金，这样不仅费用降低，而且办理转换基金、更改分红方式等业务时也可以直接在网上进行，省时省力。

四、基金理财实战操作

基金的投资、获利都是建立在基金的开户、买卖之后的。所以在这一节我们和大家一起来看看基金的开户流程。

对于基金开户，投资者们可以选择在传统的银行开户，也可以在投资网站，或者直接到基金的官方网站开户。对于很多做股票的投资者也可以在股票开户的同时选择在证券公司开立基金账户。并且能获得申购费和管理费的折扣。下面我们来介绍在基金网站开户的流程。

1. 基金开户

（1）进入华夏基金官方网站，在网站首页的右上方，单击"我要开户"按钮，如图 3-8 所示。

（2）在新打开的页面中选择一家已开户银行，并选择进入。在页面的下方我们也能看到支付宝的开户，当然范围限定在基金定投，如图 3-9 所示。

> 图 3-8 单击"我要开户"按钮

> 图 3-9 选择开户银行

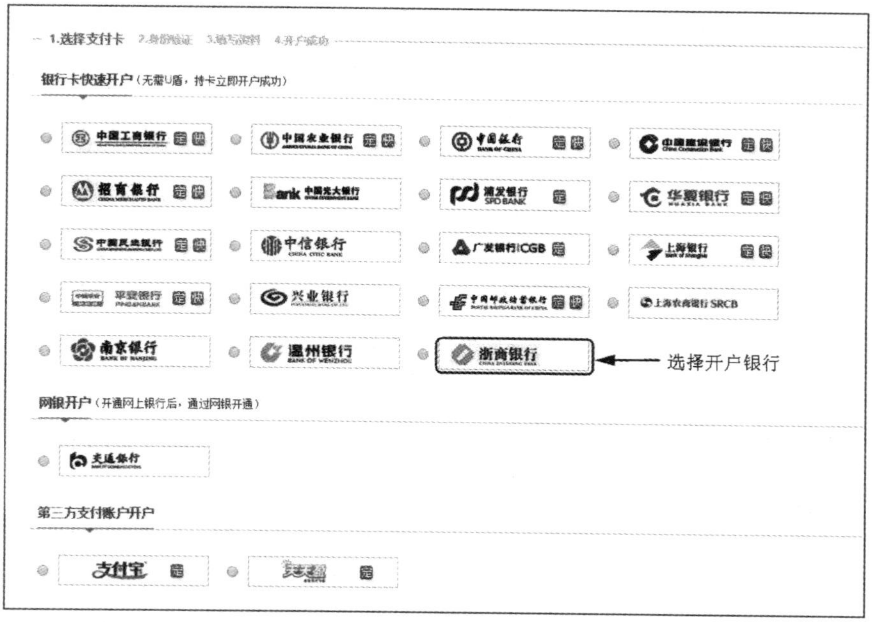

（3）在新打开的页面输入身份资料，包括姓名、证件号码、银行卡号码、手机号码等，最后单击"确认"按钮，如图 3-10 所示。

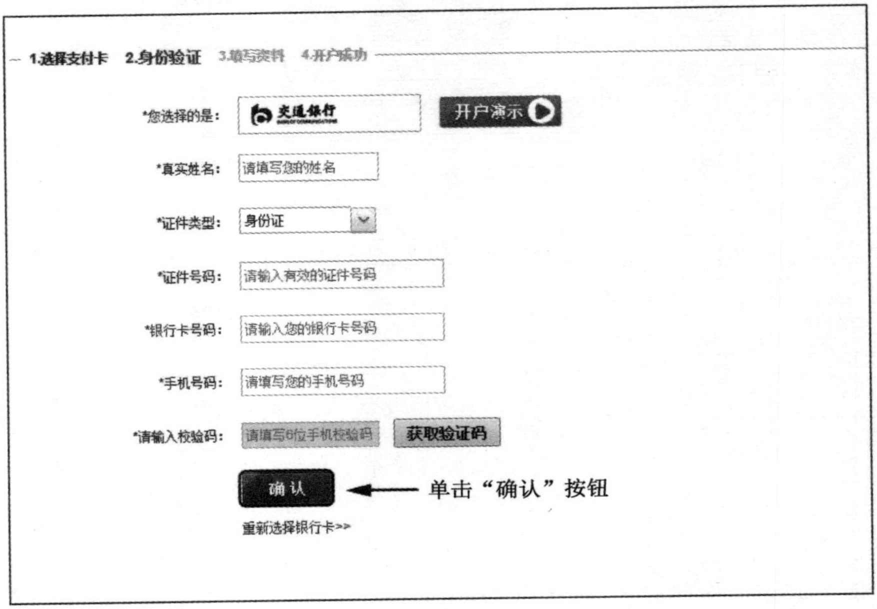

> 图 3-10　输入身份资料

（4）系统进入银行信息身份验证，单击"确定"按钮，如图 3-11 所示。

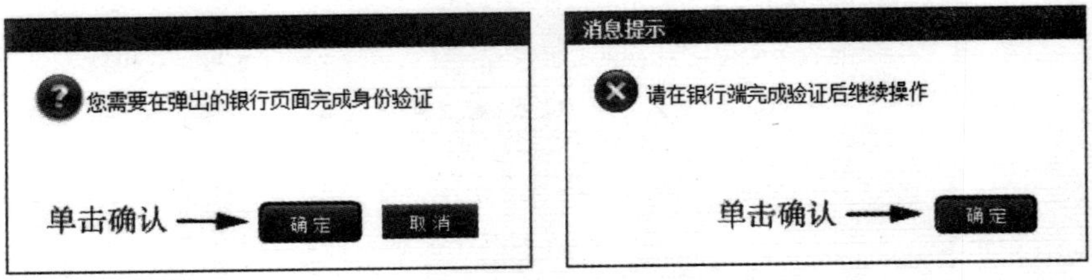

> 图 3-11　信息身份验证

（5）进入银行网上平台，完成身份验证。填写个人资料，设置交易密码（交易密码由 6 ～ 8 位字母和数字组成）后，单击"提交"按钮，如图 3-12 所示。

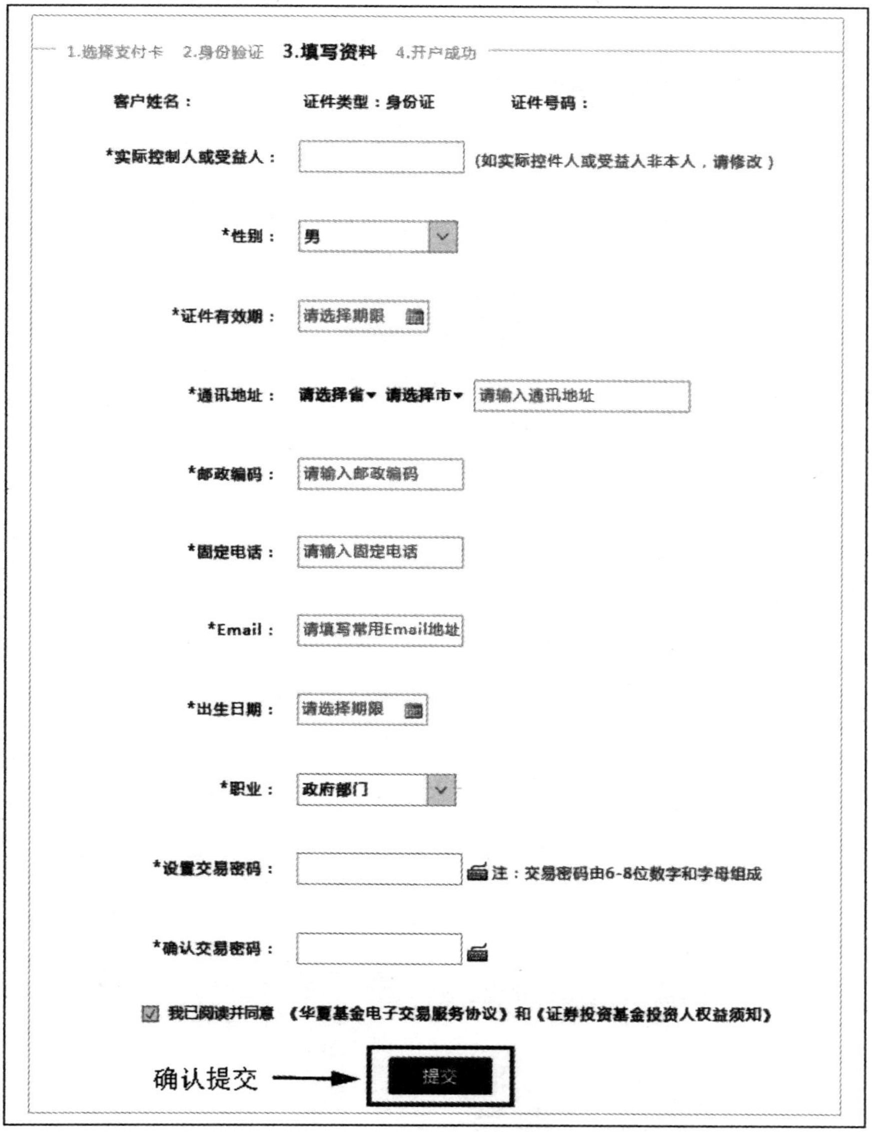

1.选择支付卡 2.身份验证 **3.填写资料** 4.开户成功

客户姓名：   证件类型：身份证   证件号码：

*实际控制人或受益人：[　　　　　]（如实际控件人或受益人非本人，请修改）

*性别： [男　　　▼]

*证件有效期：[请选择期限　📅]

*通讯地址：**请选择省▼ 请选择市▼** [请输入通讯地址]

*邮政编码：[请输入邮政编码]

*固定电话：[请输入固定电话]

*Email：[请填写常用Email地址]

*出生日期：[请选择期限　📅]

*职业：[政府部门　▼]

*设置交易密码：[　　　　　]📝注：交易密码由6-8位数字和字母组成

*确认交易密码：[　　　　　]📝

☑ 我已阅读并同意 《华夏基金电子交易服务协议》和《证券投资基金投资人权益须知》

确认提交 ➡ **提交**

> 图 3-12　填写个人资料

（6）开户成功，单击"立即登录网上交易"按钮即可，如图 3-13 所示。

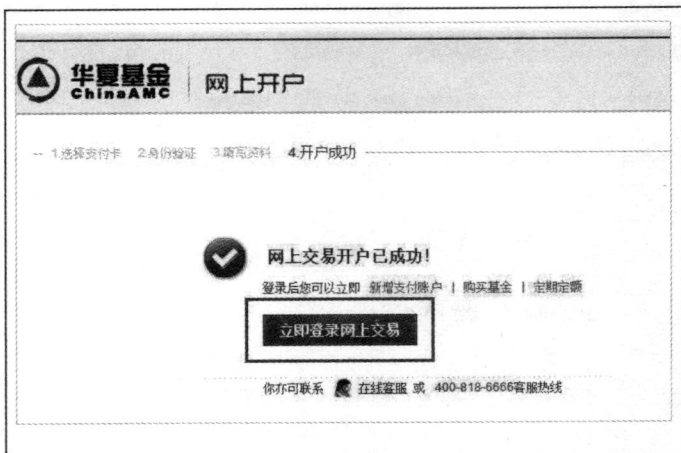

> 图 3-13　登录网上交易

2. 基金申购

开户完成后，就可以开始着手购买基金，购买基金的步骤较简单，具体如下：

（1）登录华夏基金官网，在首页右上角单击"我要购买"按钮，进入页面，如图 3-14 所示。

> 图 3-14　单击"我要购买"按钮

（2）在登录页面中，输入证件号码及交易密码，单击"登录"按
钮进入，如图 3-15 所示。

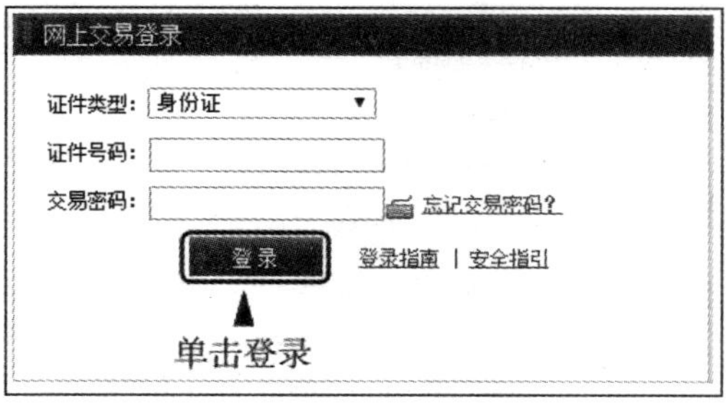

> 图 3-15　输入证件号码和密码

（3）进入交易系统后，选择左侧菜单栏基金交易下的"购买"选项，
选择要购买的基金，单击"申购"按钮，如图 3-16 所示。

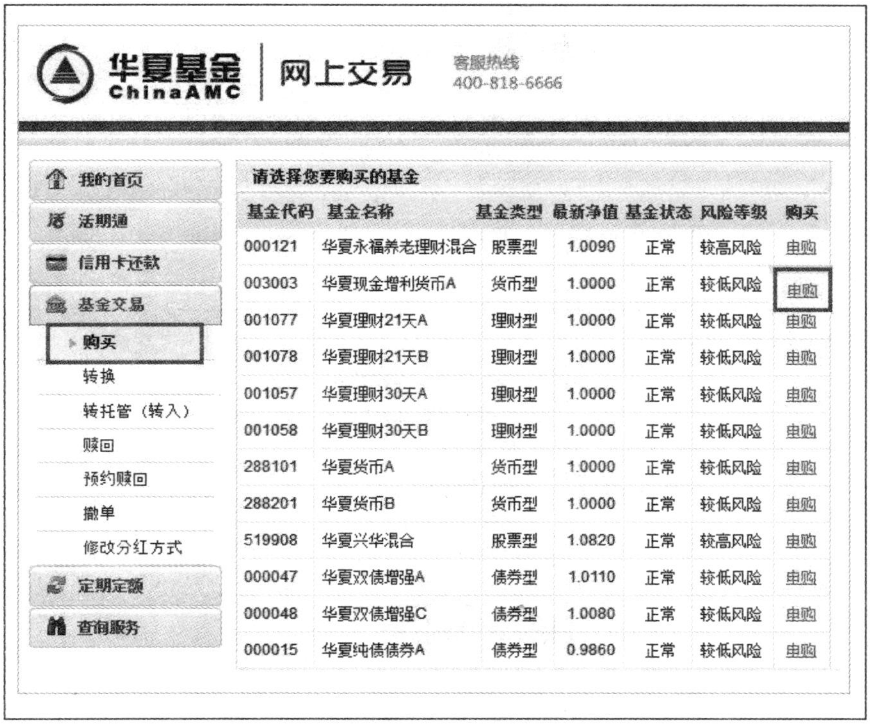

> 图 3-16　选择购买基金

（4）单击认/申购基金，选择付款银行（交通银行）和支付方式，并填写金额，然后单击"下一步"按钮，如图3-17所示。

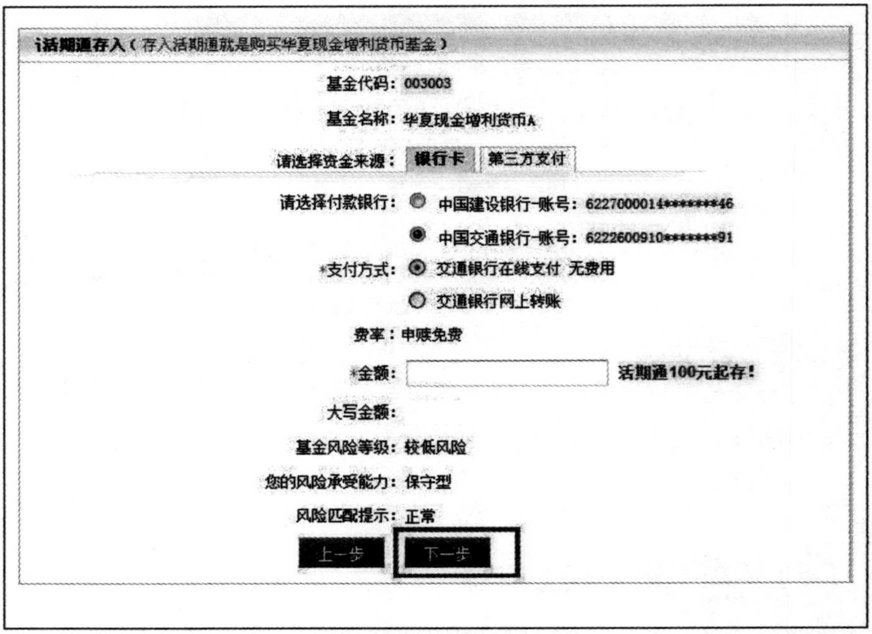

> 图 3-17　认 / 申购基金

（5）认/申购信息预览，单击"下一步"按钮，如图3-18所示。

> 图 3-18　认 / 申购信息预览

（6）信息填写成功后，输入交易密码，单击"确定"按钮，如图 3-19
所示。

> 图 3-19　输入交易密码

（7）交易申请完成，如图 3-20 所示。

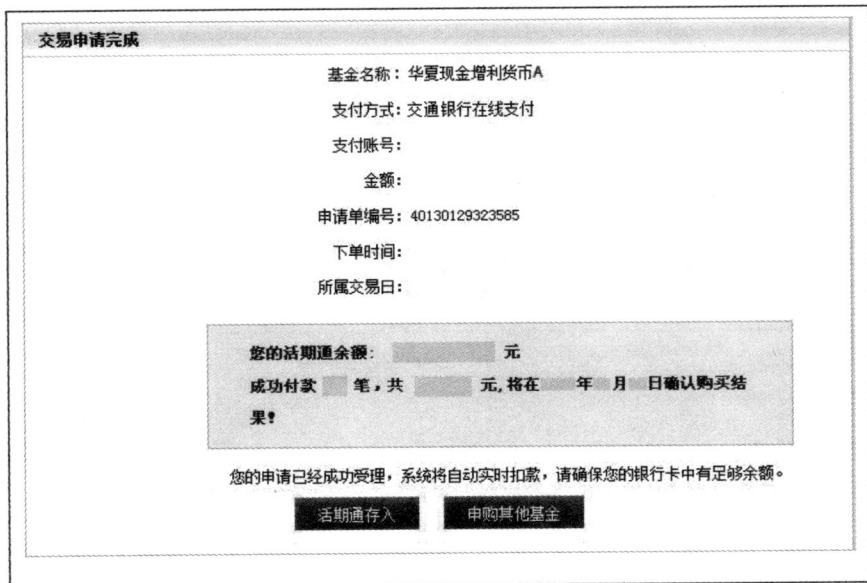

> 图 3-20　交易申请完成

3. 网上查看基金行情

　　无论在网上购买基金还是传统购买基金,在网上查看基金的行情走势都是十分必要的。下面我们来看网上基金有哪些内容。

　　(1)进入华夏基金官网,在官网的左上角能看到公司不同基金分类,单击可进入具体分类基金。选择"全部基金产品"选项,进入页面,如图 3-21 所示。

> 图 3-21　选择"全部基金产品"选项

　　(2)在这一个页面会有各种基金的列表,单击其中一个即可进入具体单个基金,如图 3-22 所示。

　　(3)进入页面后,可以看到具体基金的"每百元净值波动""基金累计净值走势"。投资者可根据这两项来查看基金与沪深 300 的走势对比,以及过往业绩和波动性,如图 3-23 所示。

♠ 首页 > 全部基金

| ❶ 开放式基金 | 请选择 ▼ | ❷ 封闭式基金 | 请选择 ▼ | ❸ ETF | 请选择 ▼ |

全部基金　股票型　债券型　混合型　指数型　货币型　理财型　封闭式　中港互认基金　　　　我的自选

比较	基金简称	基金代码	净值日期	净值	累计净值	涨跌幅	成立日期	申购状态	赎回状态	定投状态	网上交易	添加自选
☐	华夏全球股票（QDII）	000041	2016-03-10	0.701	0.701	-0.14%	2007-10-09	开放	开放	开放	申购 定投	添加
☐	华夏领先股票	001042	2016-03-11	0.667	0.667	-0.61%	2015-05-15	开放	开放	开放	申购 定投	添加
☐	华夏行业混合（LOF）	160314	2016-03-11	0.886	5.658	0.23%	2007-11-22	开放	开放	开放	申购 定投	添加
☐	华夏经典混合	288001	2016-03-11	1.000	3.390	0.20%	2004-03-15	开放	开放	开放	申购 定投	添加
☐	华夏兴华混合	519908	2016-03-11	1.529	5.943	0.07%	2013-04-12	开放	开放	开放	申购 定投	添加
☐	华夏成长混合	000001	2016-03-11	1.064	3.365	----	2001-12-18	开放	开放	开放	申购 定投	添加
☐	华夏回报混合A	002001	2016-03-11	1.081	3.928	----	2003-09-05	开放	开放	开放	申购 定投	添加
☐	华夏兴和混合	519918	2016-03-11	1.346	3.678	-0.66%	2014-05-30	开放	开放	开放	申购 定投	添加
☐	华夏大盘精选混合	000011	2016-03-11	9.125	13.185	0.09%	2004-08-11	开放	开放	开放	申购 定投	添加
☐	华夏红利混合	002011	2016-03-11	2.162	4.635	-0.60%	2005-06-30	开放	开放	开放	申购 定投	添加
☐	华夏收入混合	288002	2016-03-11	3.782	5.182	-0.18%	2005-11-17	开放	开放	开放	申购 定投	添加
☐	华夏稳增混合	519029	2016-03-11	1.540	2.345	-0.90%	2006-08-09	开放	开放	开放	申购 定投	添加
☐	华夏回报二号混合	002021	2016-03-11	0.925	2.880	----	2006-08-14	开放	开放	开放	申购 定投	添加
☐	华夏优势增长混合	000021	2016-03-11	1.458	2.628	-0.34%	2006-11-24	开放	开放	开放	申购 定投	添加
☐	华夏蓝筹混合（LOF）	160311	2016-03-11	1.149	4.183	0.09%	2007-04-24	开放	开放	开放	申购 定投	添加
☐	华夏复兴混合	000031	2016-03-11	1.719	1.719	-0.69%	2007-09-16	开放	开放	开放	申购 定投	添加
☐	华夏策略混合	002031	2016-03-11	2.704	3.304	----	2008-10-23	开放	开放	开放	申购 定投	添加
☐	华夏盛世混合	000051	2016-03-11	0.868	0.868	-0.12%	2009-12-11	开放	开放	开放	申购 定投	添加
☐	华夏永福养老理财混合A	000121	2016-03-11	1.441	1.441	----	2013-08-13	暂停	开放	开放	申购 定投	添加
☐	华夏永福养老理财混合C	002166	2016-02-29	1.437	1.437	-0.35%	2013-08-13	暂停	开放	暂停	申购 ----	----
☐	华夏医疗健康混合A	000945	2016-03-11	1.137	1.137	----	2015-02-02	开放	开放	开放	申购 定投	添加
☐	华夏医疗健康混合C	000946	2016-03-11	1.130	1.130	----	2015-02-02	开放	开放	开放	申购 定投	添加
☐	华夏新经济混合	001683	2016-03-11	0.861	0.861	-0.69%	2015-07-13	暂停	开放	暂停	申购 ----	添加

加入比较

> 图 3-22　查看全部基金

基金产品 > 华夏大盘精选混合

每百元净值波动　　基金累计净值走势

● 华夏大盘精选混合　● 沪深300　　　　　　2004.08.13 - 2016.03.11

2,000.00

1,000.00

0

2006年　　　2008年　　　2010年　　　2012年　　　2014年

2005年　　　　　　　2010年　　　　　　2015年

| 2004-08-13 | - | 2016-03-11 | 10天　30天　90天　1年　3年　今年　最大 |

> 图 3-23　查看基金项目

> 图 3-23　查看基金项目（续）

（4）在页面的右部可查看当前基金净值，如图 3-24 所示。

华夏大盘精选混合(000011)　　🗄　混合型

最新净值　2016-03-11

9.125

| 涨跌幅 | 过去一年净值增长率 | 最低申购费率 |
| 0.09% | -9.88% | ~~1.5%~~ 0.6% |

立即购买

♥ 添加自选　　　　　　　立即定投

> 图 3-24　当前基金净值

（5）在页面下方，还有很多基金行情内容，投资者可逐一查看，判断基金处于的阶段位置，如图 3-25 所示。

> 图 3-25　查看基金行情内容

（6）查询基金的净值走势、历史净值、分红送配数据可以帮助我们了解基金的历史收益，如图 3-26 所示。

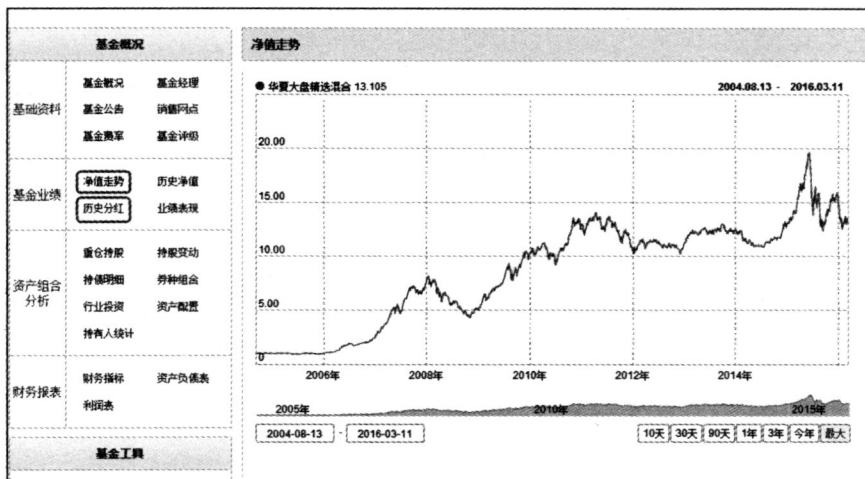

> 图 3-26　了解基金的历史收益

（7）查询"重仓持股""持股变动"，获知重仓股在净值中的占比，以及持股变化情况，如图 3-27 所示。

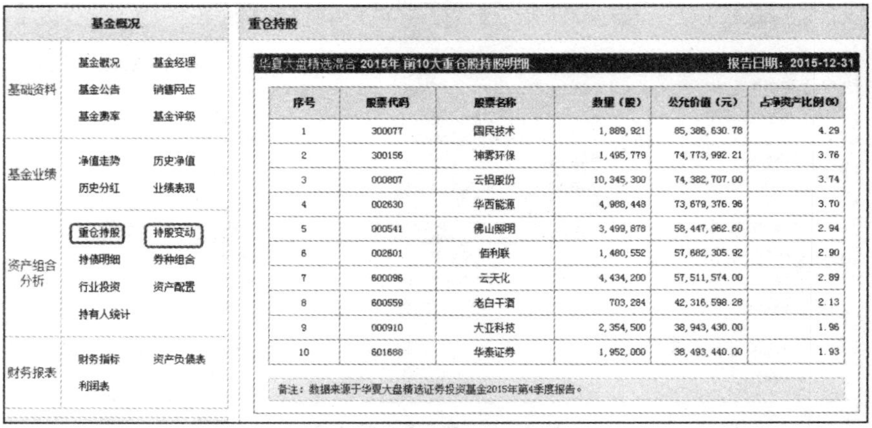

序号	股票代码	股票名称	数量（股）	公允价值（元）	占净资产比例(%)
1	300077	国民技术	1, 889, 921	85, 386, 630. 78	4. 29
2	300156	神雾环保	1, 495, 779	74, 773, 992. 21	3. 76
3	000807	云铝股份	10, 345, 300	74, 382, 707. 00	3. 74
4	002630	华西能源	4, 988, 448	73, 679, 376. 96	3. 70
5	000541	佛山照明	3, 499, 878	58, 447, 962. 60	2. 94
6	002601	佰利联	1, 480, 552	57, 682, 305. 92	2. 90
7	600096	云天化	4, 434, 200	57, 511, 574. 00	2. 89
8	600559	老白干酒	703, 284	42, 316, 598. 28	2. 13
9	000910	大亚科技	2, 354, 500	38, 943, 430. 00	1. 96
10	601688	华泰证券	1, 952, 000	38, 493, 440. 00	1. 93

备注：数据来源于华夏大盘精选证券投资基金2015年第4季度报告。

>图 3-27　查询信息

（8）行业投资表现的是该款基金投资对象所在的行业，有利于从宏观经济数据上分析基金表现，如图 3-28 所示。

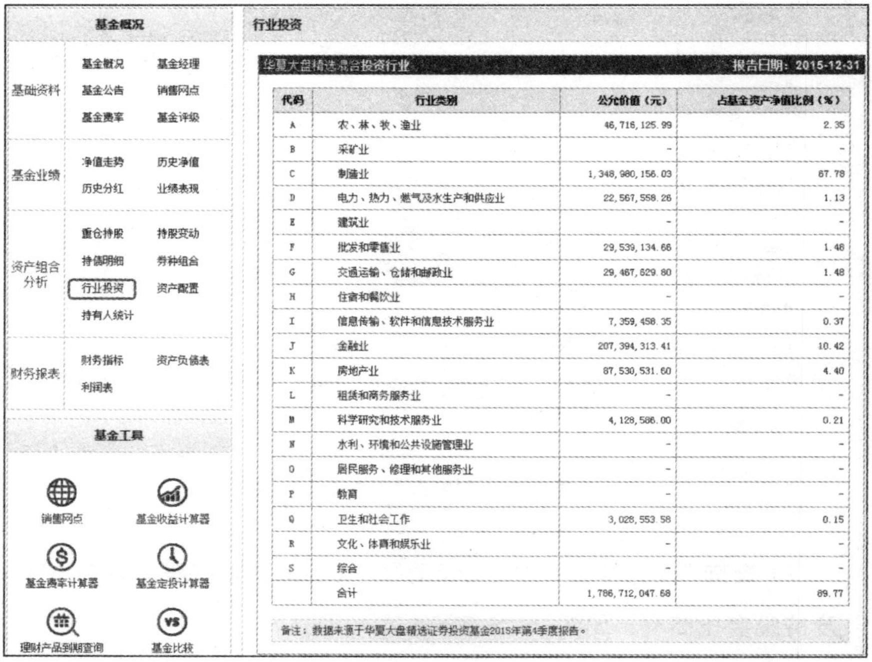

代码	行业类别	公允价值（元）	占基金资产净值比例（%）
A	农、林、牧、渔业	46, 716, 125. 99	2. 35
B	采矿业	-	-
C	制造业	1, 348, 980, 156. 03	67. 78
D	电力、热力、燃气及水生产和供应业	22, 567, 558. 26	1. 13
E	建筑业	-	-
F	批发和零售业	29, 539, 134. 66	1. 48
G	交通运输、仓储和邮政业	29, 467, 629. 80	1. 48
H	住宿和餐饮业	-	-
I	信息传输、软件和信息技术服务业	7, 359, 458. 35	0. 37
J	金融业	207, 394, 313. 41	10. 42
K	房地产业	87, 530, 531. 60	4. 40
L	租赁和商务服务业	-	-
M	科学研究和技术服务业	4, 128, 586. 00	0. 21
N	水利、环境和公共设施管理业	-	-
O	居民服务、修理和其他服务业	-	-
P	教育	-	-
Q	卫生和社会工作	3, 028, 553. 58	0. 15
R	文化、体育和娱乐业	-	-
S	综合	-	-
	合计	1, 786, 712, 047. 68	89. 77

备注：数据来源于华夏大盘精选证券投资基金2015年第4季度报告。

>图 3-28　分析基金

（9）资产配置表现了该款基金各投资对象的占比，可直接判断风险大小，如图 3-29 所示。

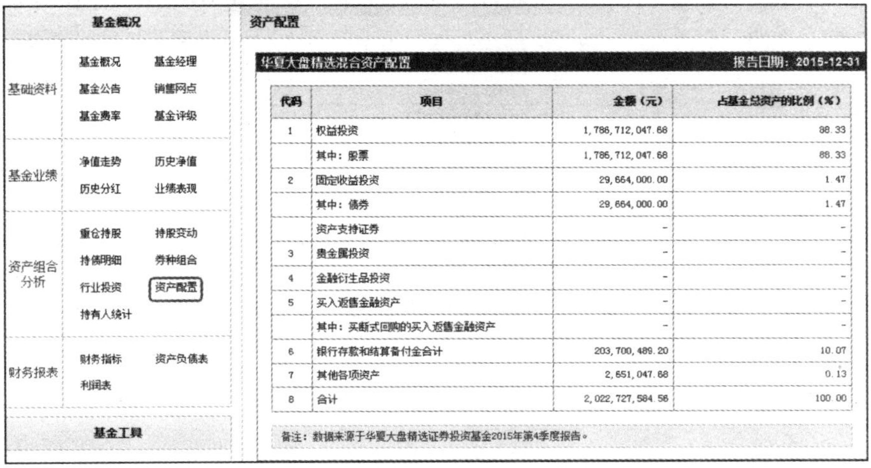

代码	项目	金额（元）	占基金总资产的比例（%）
1	权益投资	1,786,712,047.68	88.33
	其中：股票	1,786,712,047.68	88.33
2	固定收益投资	29,664,000.00	1.47
	其中：债券	29,664,000.00	1.47
	资产支持证券	-	-
3	贵金属投资	-	-
4	金融衍生品投资	-	-
5	买入返售金融资产	-	-
	其中：买断式回购的买入返售金融资产	-	-
6	银行存款和结算备付金合计	203,700,489.20	10.07
7	其他各项资产	2,651,047.68	0.13
8	合计	2,022,727,584.56	100.00

备注：数据来源于华夏大盘精选证券投资基金2015年第4季度报告。

＞图 3-29　资产配置

（10）持有人结构表示该款基金的持有人占股比例，主要包括机构投资者和个人投资者，如图 3-30 所示。

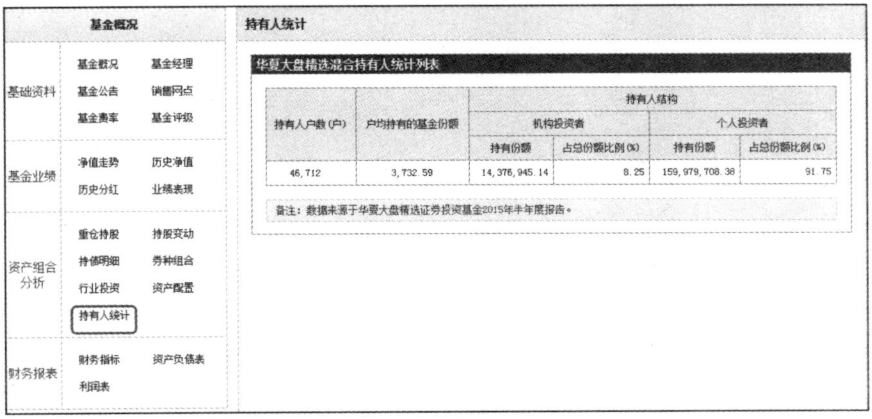

持有人户数（户）	户均持有的基金份额	持有人结构			
		机构投资者		个人投资者	
		持有份额	占总份额比例（%）	持有份额	占总份额比例（%）
46,712	3,732.59	14,376,945.14	8.25	159,979,708.38	91.75

备注：数据来源于华夏大盘精选证券投资基金2015年半年度报告。

＞图 3-30　持有人结构

（11）财务指标、资产负债表和利润表，让投资者从财务方面分析基金的运营状况，如图 3-31 所示。

华夏大盘精选混合 2015 主要财务指标　　报告日期：2015-06-30

项目	数值
本期已实现收益	502,333,300.67
本期利润	741,735,471.57
加权平均基金份额本期利润	3.4852
本期加权平均净值利润率	29.52%
本期基金份额净值增长率	33.81%
期末可供分配利润	1,506,385,714.04
期末可供分配基金份额利润	8.6397
期末基金资产净值	2,117,280,570.75
期末基金份额净值	12.143
基金份额累计净值增长率	1,981.34%

备注：数据来源于华夏大盘精选证券投资基金2015年半年度报告。

＞图 3-31　分析基金的运营状况

第 4 章

外贸指标里的
理财机遇

⠿ 一、外贸指标的"成员"们

对外贸易是指一个国家与另一个国家之间的商品、劳务和技术的交换活动，又称为国外贸易或者进出口贸易，简称"外贸"。在现行汇率机制下，通俗来说就是往国外卖东西，赚外汇；往国内买东西，支付外汇。

通过对外贸易，参与国际分工，节约社会劳动，不但使各国的资源得到最充分的利用，而且还可以保证社会再生产顺利进行，加速社会扩大再生产的实现。那么衡量外贸指标的好坏又是怎样的呢？我们看看外贸家族的"成员"们都有谁？

1. 进出口总额

对外贸易主要由进口和出口两大部分组成。

进口，是指从外国购买生产或消费所需的原材料、产品、服务，目的是获得更低成本的生产投入，或者是谋求本国没有的产品与服务。比如，进口精密机床或者先进技术等。

反之，一个国家出于扩大生产规模、延长产品的生命周期等目的，向另外的国家提供他们所需的产品和服务，就叫出口。

我国作为当今的制造业生产大国，我国的出口商品涵盖各类行业、各个领域。当今的世界，已经很难找到一个没有"中国制造"标志的市场了。一对刚结婚的夫妻去夏威夷旅游，带回一对水杯纪念品送给朋友，看起来挺有夏威夷风情的，不过杯底赫然印着"Made in China"。原来是出口转内销。这样的事情比比皆是。很多外国人也会慨叹，不知不觉，他们的生活已经离不开"中国制造"了。

一定时期内，一个国家从国外进口的商品和服务的全部价值，称为进口贸易总额或进口总额；同理，一个国家从国内向国外出口的商品和服务的全部价值，称为出口贸易总额或出口总额。

所有实际进出一个国家国境的进出口货物和服务的总和，叫进出口总额。进出口总额常被用以观察一个国家对外贸易的总规模。

随着对外开放程度的增加，我国经济的对外依存度已非常高，进出口的活跃与否常常决定了经济的荣枯预期。所以，进出口数据是我们投资决不能不关心的一个重要因素。

2. 关税

影响进出口总额的因素很多，其中，最重要的一个因素就是我们经常要提的关税。这是对外贸易中的"买路钱"。

所谓关税，是指国家授权相关部门（海关）对出入境货物和不同的物品征收的一种税。对于外贸发达国家来说，关税是国家税收乃至国家财政的最主要收入。

关税的征税基础是关税完税价格。关税完税价格是指海关根据有关规定对进出口货物进行审定或估定后通过估价确定的价格。具体来说，进口货物以海关审定的成交价值为基础的到岸价格为关税完税价格；出口货物以该货物销售与境外的离岸价格减去出口税后，经过海关审查确定的价格为完税价格。

关税，不仅是一个国家财政收入的重要来源，还是国际经济交往中支持和保护本国产业的一个重要屏障及手段。所不同的是，在不同时期往往游戏规则也有所不同。加入"世界贸易组织"之前，中国的市场经济地位常常受到质疑，而受到非常多的责难，出口产品会被随意征收反倾销税，进口高科技产品往往也冀不可得。加入"世界贸易组织"之后，我国在这个游戏中就有了相对平等的话语权，大幅提高了其出口产业的国际竞争力。

3. 顺差和逆差

我们平时常常会听到的贸易顺差，是指在一个特定时间内（通常以一年为限）一国出口贸易总额大于进口贸易总额。反之，在特定时间内一国出口贸易总额小于进口贸易总额，则为贸易逆差。

研究一个国家的对外贸易情况，主要借助于政府定期公布的对外贸易平衡表，一国对外贸易按出口大于、小于或等于进口等情况，分别构成贸易顺差、贸易逆差或贸易平衡。

实际上，贸易顺差（逆差）是一个相对的概念，可以是一个国家和另一个国家之间的对比，也经常用到国家自身的对比。

我国在 2011 年外贸活动中，出口 18 986 亿美元，进口 17 434 亿美元。我们说中国 2011 年的贸易顺差为 1 551 亿美元。

2011 年一整年，中国对美国出口总额 3 246 亿美元，美国对中国出口 221 亿美元，我们说，2011 年中国对美国的贸易顺差为 2 025 亿美元。

对一个新兴市场国家来说，保持适度的贸易顺差会对经济有良好的推动作用，大幅度的贸易逆差意味着资本外流加剧。

4. 出口退税

在对外贸易活动中，由于贸易双方国家背景不同、经济发达程度不同等原因，出口国的商品如果按照正常的章程扣除繁多的税费之后再出口，往往会成本过高。出口到其他国家之后，由于成本过高，销售价格也肯定会相应提高，从而出现竞争力不足的情况。针对这种情况，很多国家都设置了一种特殊的经济制度用以提升出口物在其他国家的竞争力。这种制度称作出口退税制度。从本质上说，这种制度就是一种出口保护制度。

出口退税是指货物出口后，国家将出口货物已在国内征收的流转税送还给企业的一种收入退付或减免税收的行为。就目前我国来看，出口退税对应的货物必须是增值税、消费税征收范围内的、报关离境出口的、在财务上做出口销售处理的、已收汇并经核销的货物。

为奉行出口货物间接税"零税率"原则，有的国家实行免税制度，有的国家实行退税制度，有的国家则退、免税制度同时并行，其目的都是对出口货物退还或免征间接税，以使企业的出口产品能更好地参与国际市场竞争。

我国对出口货物实行退税，主要是为了使企业的出口产品以不含税的价格参与国际市场竞争，是提高企业产品竞争力的一项政策性措施。

出口退税政策的实行符合国际惯例，对促进我国市场经济发展，促进中国同国际经济大循环一体化的进程意义十分重大。出口货物以不含税价格进入国际市场，增强了出口货物的竞争力，调动了外贸企业的出口积极性。出口退税政策已成为我国调节出口贸易最重要的手段之一。

出口退税是一种国际竞争力的交换和博弈。鉴于它对资本市场的强烈影响作用，在我们的投资活动中必须予以重视。

5. 汇率

不同的经济体都有自己的货币制度，本经济体只允许使用本经济体货币购买商品和服务，要实现跨经济体购买，必须进行货币兑换，这就要求有一个共同遵守的准则，才能实现货币自由兑换的目的。汇率是顺应这种经济发展的需要而出现的。

汇率亦称"外汇行市或汇价"，是一国货币兑换另一国货币的比率，是以一种货币表示另一种货币的价格。通俗来讲，就是本国和外币的交换比值。由于各国货币的名称、单位、币值及购买力不同，所以就需要汇率来使它们能够交换。

如果要判断不同情况下汇率是升还是降，估计很多人都会出现错误的判断。总结起来其实也并不复杂：本国货币币值下降，外国货币币值上升后，外汇汇率升高；外币不变，本币更少的情况下，本币升值，外汇汇率降低。

另外，一国币值的升高，其实对国内生活的人来说，不见得就是一件好事。因为，你所买的东西，该涨价还在涨价，并没有因此而少花钱。甚至由于币值的升高，使生产成本上升，出口变得疲软，不再具有低价的竞争力。再者，对外汇储备来说，我国原来交换来的外汇就变得不值钱了。

二、外贸与外汇两兄弟

2008 年以来，影响企业进出口变动的最主要因素为市场需求，但不容忽视的一点是，出口企业对汇率变动敏感度在增强。汇率稍有风吹草动，外向型的企业们就会感冒咳嗽，甚至一病不起。在进行对外贸易时，汇率的变动对进出口的影响越来越大。

通常来说，在没有其他条件的影响下，一国的货币对外贬值，有利于本国商品的出口，同时阻碍外国物品的进口，此时有利于减少本国的贸易逆差，增加贸易顺差。

2006 年以前，美元兑换人民币的比率是 1∶8 左右，连续几年都比较稳定。近几年外汇比率逐步降低到 1：6.3 左右。也就意味着，同样一个商品在国际市场上将会折合成比以前更多的货币。也就是说，外国消费者购买此产品需要花费比之前更高的价钱。相对于其他汇率没变国家出口的同样一件商品来说，中国同类产品的竞争力就会降低，进而导致国家整体出口量减少，经济发展受损。

进口方面，人民币升值，意味着在国际市场上人民币的购买力进一步增强，同等的人民币可以购买到比以前更多的商品，同时海外制造商拥有更多的价格竞争力，可以获得更多的收益。此时，会促进进口的活跃。

反之，如果人民币贬值，对外出口商品价格就有了更多下调空间，使得外国人购买中国商品，更加便宜。这种情况下，无疑会增加"中国制造"的出口竞争力，进而增加出口。

如果人民币贬值后，中国出口的商品在国际市场上的价格并没有降低，则意味着同样的一件商品，卖出去后可以用所得的外汇兑换到比以前更多的人民币。此时中国制造商的收益增加，同样会进一步刺激出口的增加。

在不考虑其他条件的情况下，出口的增加往往就意味着外汇的增加；进口的增加则会使国家的外汇进一步减少。汇率的波动对经济有直接的影响，因此，汇率成为各个国家调节经济的一个重要手段。

为了刺激本国经济的发展，维护国家社会稳定，很多国家往往在本国经济发展不景气的时候，通过降低本国货币汇率的方法来刺激经济升温回暖。

例如，2007 年年底全球金融危机爆发后，我们可以明显地观察到，美国除了使用各种政府手段进行经济调节外，美元的汇率也是一直走低，那时候的美国，其实主要还是寄希望于通过降低汇率来促进经济的发展。

既然国家可以通过降低本国货币汇率的方法来刺激经济发展，那是不是可以经常性的人为去调整国家货币汇率呢？其实这样是行不通的，合理稳定的汇率是一国乃至世界经济发展的必要条件，保持汇率的稳定性是一个国家经济稳定发展的一个大前提，对国家经济的发展有着重要的意义。

从一国看，它有利于促进对外贸易的健康发展和实现外贸收支平衡，稳定物价，增加就业和国民收入，增强国际储备。

从世界上看，它有利于国际贸易的顺利进行和国际金融秩序的稳定，促使国际资本正常流动。相反，如果汇率频繁急剧波动，会加剧国际经济竞争，影响国际贸易的顺利进行；刺激国际投机，导致金融市场动荡与混乱。

1. 外贸与国民经济

适度的贸易顺差对于一个国家的经济发展有很大益处。贸易顺差能有效地促进国家经济的发展，增加外汇储备，增强综合国力，维护国际信誉，提高对外融资和引进外资能力；贸易顺差能促进经济总量平衡，加强中国抗击经济全球化风险的能力，有助于国家经济安全发展，有利于人民币汇率稳定和实施较为宽松的宏观调控政策。

但我们也必须知道，外贸收支也是有一个平衡度的。这一点是我们在投资活动中要考虑的一个重要因素。长期处于贸易顺差现状，外贸收支失衡，就会弊大于利。

（1）贸易顺差使得人民币升值压力加大，国际贸易摩擦增加。日本和美国两国双边市场经常发生波动，主要原因之一就是日方长期处于巨额顺差状态。

（2）贸易顺差弱化了货币政策效应，降低了社会资源利用效率。外汇流入随着贸易顺差的增加而增多，在固定汇率和外汇结售汇制度

下，中央银行要以人民币购买外汇，货币的投放随着外汇流入的增多
而递增。

随着大量的人民币被动地投入流通领域，中央银行的基础货币账
户更加受制于外汇的流入，不但削弱了中央银行货币政策的效应，还
导致物价水平上升。伴随着物价上升而来的很有可能就是通货膨胀。
从这点关系上看，贸易顺差其实也有可能成为通货膨胀的诱因之一。

（3）贸易顺差提高了外汇储备成本，增加了资金流出。在国际金
融市场上进行外汇操作总是有风险的，最明显的是汇率风险。中国实
行盯住美元的固定汇率制度，每当美元贬值和美国国内出现通货膨胀，
中国外汇储备都随之贬值，造成外汇储备的损失。

（4）贸易顺差还会导致经济对外依赖程度过高，进出口结构调整
困难。我国的 GDP 一度有 40% 来自对外贸易，作为当之无愧的国民
经济"三驾马车"之一，这在改革开放初期也是必然的。当前，是应
该做出调整的时候了。

（5）贸易顺差还影响着国内金融业利率市场化进程。在利率市场
化条件下，贸易顺差意味着国内货币供给增加，自 2003 年下半年以来，
中国经济面临通货膨胀的压力，为了防范通货膨胀对经济的消极影响，
中央银行不得不维持现行的存款管制利率和贷款浮动利率，从而推迟
了利率市场进程。

2. 外汇市场

在全球经济复苏减缓、欧债危机愈演愈烈的大背景下，作为我国
经济"三驾马车"之一的出口，也出现了持续走低的迹象。

随着人民币升值，国内劳动力价格上升，中国低成本竞争优势逐
步被削弱。在新竞争优势没有形成、旧的竞争优势又在迅速下降的双
重困境之下，外贸将面临巨大的滑坡风险。

综合来看，当前宏观经济整体形势不容乐观，市场上对政策放松的预期也更加强烈。国内外投资者都对此忧心忡忡。对此，国务院发展研究中心对外研究部部长隆国强在接受采访时表示：由于经济危机的影响，现阶段外部需求情况整体较差，作为我国最大出口市场的欧洲，由于欧债危机的影响，对欧出口增速大幅下滑。与此同时，部分新兴经济体国家由于同样面临保增长、防通货膨胀的阶段性任务，经济增速也逐渐放缓。

隆国强指出，汇率在短期内对国与国之间的相对竞争力影响较大。自2011年8月起，在部分发展中国家出现大量资本外流、汇率贬值现象的同时，人民币汇率出现小幅升值的情况，以至我国相对竞争力下降明显。

隆国强强调，在注重出口的同时，我们更应警惕内需快速放缓迹象，大宗商品需求总量减少、价格降低是内需增长回落的主要原因。

对此，外界普遍认为，目前中国内需极其疲软的表现将会促使政策放松预期更为强烈。

在进出口方面，商务部副部长钟山在广交会调研时透露：国务院和中央部门将出台有关的稳定政策和措施，包括外贸政策的稳定措施。而外贸政策的稳定性包括汇率政策的稳定和可预见，出口退税政策的稳定性和及时足额。

据悉，中国进出口银行目前已经制定了稳出口的措施，包括加大对创新型、成长型、高新技术、劳动密集型企业的支持力度，主动为中小企业提供融资支持等。

外界认为，稳出口政策将主要针对出口大头的机电等高附加值外贸产品，同时，纺织等劳动密集型产品也很可能有相关的支持政策，因为这还牵涉国内就业的稳定。

国家商务部新闻发言人沈丹阳表示，由于欧债危机的影响，欧盟对华投资持续下降，中欧经贸关系也处于低迷阶段。

　　商务部研究员白明指出，除了欧债危机等导致外资本身出现一定
困难外，中国经济处于调整期，也带来投资意愿下滑。他表示，中国
经济仍然有下行趋势，加上近来劳动力成本上升，原材料价格也逐渐
走高，在中国可以分享的机会减少，外国对于中国的投资意愿有所降低。
换句话说，现在已经不是扔下种子就可以丰收的时代了。

　　我国在 2012 年 7 月之前 FDI 持续呈负增长态势，FDI 的减少可
能导致外汇存款出现一定的下滑，这就需要国内货币政策采取降低存
款准备金率或逆回购的方式进一步宽松。

　　纵观 2012 年以来的国内外经济发展环境，实在是扑朔迷离。此
时的外汇市场，无疑到处都暗潮涌动，稍微不小心，或许就有触礁的
风险。但在投资学里面，高风险往往意味着高收益。

　　“乱世出英雄”。以一个投资者的角度去看，乱世，出的很有可能
是富翁，因为往往变幻莫测的经济环境隐藏着更多的投资机会。

　　下面，让我们进一步了解一下外汇市场这座金矿，以及传说中的炒
外汇。

三、外汇理财实战操作

　　与股票市场相比，外汇市场更加复杂，对于想要进入外汇市场淘
金的人来说，掌握相关的知识和投资策略是非常重要的。相反，若对
汇市的情况毫无了解，便盲目地进行投资，难免会遭受损失。

1. 外汇投资方式

　　在外汇交易中，一般存在着即期外汇交易、远期外汇交易、外汇
期货交易及外汇期权交易四种交易方式。

（1）即期外汇交易

即期外汇交易又称为现货交易或现期交易，是指外汇买卖成交后，交易双方于当天或两个交易日内办理交割手续的一种交易行为。即期外汇交易是外汇市场上最常用的一种交易方式，即期外汇交易占外汇交易总额的大部分，主要是因为即期外汇买卖不但可以满足买方临时性的付款需要，也可以借助买卖双方调整外汇头寸的货币比例，以避免外汇汇率风险。

（2）远期外汇交易

远期外汇交易与即期外汇交易相区别，是指市场交易主体在成交后，按照远期合同规定，在未来（一般在成交日后的 3 个营业日之后）按规定的日期交易的外汇交易。远期外汇交易是有效的外汇市场中必不可少的组成部分。20 世纪 70 年代初期，国际范围内的汇率体制从固定汇率为主导转向以浮动汇率为主，汇率波动加剧，金融市场蓬勃发展，从而推动了远期外汇市场的发展。

（3）外汇期货交易

随着期货交易市场的发展，原来作为商品交易媒体的货币（外汇）也成为期货交易的对象。外汇期货交易是指外汇买卖双方于将来时间（未来某日），以在有组织的交易所内公开叫价（类似于拍卖）确定的价格，买入或卖出某一标准数量的特定货币的交易活动。其中标准数量是指特定货币（如英镑）的每份期货交易合同的数量是相同的。特定货币是指在合同条款中规定的交易货币的具体类型，如 3 个月的日元。

（4）外汇期权交易

外汇期权是指交易的一方（期权的持有者）拥有合约的权利，并可以决定是否执行（交割）合约。如果愿意的话,合约的买方（持有者）可以听任期权到期而不进行交割。卖方毫无权利决定合同是否交割。

另外，随着外汇市场的发展，进行外汇交易的门槛也越来越低，一些引领行业的外汇交易平台只需 250 美元即可开始交易，也有一些

交易商需要 500 美元才可以开始交易，这便在某种程度上大大方便了
普通投资者的进入。对于一些想投资外汇市场的朋友来说，一般可以
通过以下三个交易途径进行外汇交易：

（1）通过银行进行交易

通过中国银行、交通银行、中国建设银行或招商银行等国内有外
汇交易柜台的银行进行交易。这种交易途径的时间是周一至周五。交
易方式为实盘买卖和电话交易，也可挂单买卖。

（2）通过境外金融机构在境外银行交易

这种交易途径的时间为周一至周六，每天 24 小时。交易方式为保
证金制交易，通过电话进行交易（免费国际长途），可挂单买卖。

（3）通过互联网交易

这种交易途径的时间为周一至周六，每天 24 小时。交易方式为保
证金制交易，通过互联网进行交易，可挂单买卖。需要注意的是，网
上外汇交易平台上的交易都是利用外汇保证金的制度进行投资的，也
是绝大多数汇民采取的交易途径。

在外汇保证金交易中，集团或是交易商会提供一定程度的信贷额
给客户进行投资。如客户要买一手 10 万欧元，他只要给 1 万欧元的押
金就可以进行这项交易了。当然，客户愿意多投入资金也可以，集团
和交易商只是要求客户做这项投资时把账户内的资金维持在 1 万欧元
这个下限之上，这个最少的维持交易的押金就是保证金。在保证金的
制度下，相同的资金可以比传统投资获得相对多的投资机会，获利和
亏损的金额也相对扩大。如果利用这种杠杆式的操作，更灵活地运用
各种投资策略，可以以小搏大、四两拨千斤。

在保证金制度下，因为资金少于投资总值，所以不会积压资金、
不怕套牢、可买升或跌相向获利。除了周六、日外，外汇市场一个时
区接着另一个时区，全天候 24 小时运作。另外手续费低，少于五千
分一的手续费使获利机会更高。

简单来说，这就是外汇交易的过程，它的本质就是在货币的转换中淘金。如今，外汇市场已经成为世界上最大的金融交易市场，其规模已远远超过股票、期货等其他金融商品市场，财富转移的规模越来越大，速度也越来越快。

外汇买卖，是一种风险较高的投资方式。主要根据汇率走势用一种外币兑换另一种外币，如果买卖时机把握得好，币种选择准确，可以获得丰厚的收益；如果判断失误，可能会损失惨重。

2. 外汇投资建议

对于投资者来说，涉及金钱的问题就不是小问题，因为金钱是安身立命的根本，而外汇市场不是一个捡钱的地方，在剧烈的波动中，有很多获利的机会，同样也有很大的风险。投资外汇，就如同作战，所谓"生死之地，存亡之道"，不可不慎。正因为关系生死存亡，所以每次交易都要如履薄冰，要像发动战争那样，对各种优劣条件做出充分估计，考虑到各种影响因素，然后制订投资计划。下面是许多汇市高手归纳、总结的七条投资外汇的建议：

（1）用你的"闲钱"投资。倘若投资者以家庭生活的必需费用投资亏本，就会使家庭生计受到影响。或者，使用不该用来投资的钱来生财，心理则会处于下风，在决策的时候难以保持客观、冷静的态度，在投资市场中就会多有失败的机会。

（2）制订计划，别轻易更改。经过充分考虑和分析后，预先设定了当日入市的价位和计划，就不能因眼前价格涨落而轻易改变决定。基于当日价位的变化及市场消息而临时做出的决定，一般都很危险。

（3）遭遇逆境，暂时休息。由于投资涉及个人利益，因此投资者时常处于极度紧张的状态。倘若盈利，还有一些满足感来慰藉；但如果身处逆境，接连发生失误，连连亏损，这时要留心，不要因头脑发热而失去冷静和清醒。此时，最理想的选择是将一切抛开，认真休息。休息好之后，暂时的盈亏已成为过去，头脑也会冷静下来，这样投资的效率便会提高。

（4）培养忍耐力。忍耐是一种投资，但很少有人能做到这一点，或真正理解它的含义。从事投资工作的人，必须培养自己良好的忍性和耐力。忍耐往往是投资成功的一个"乘数"，关系到最终的结果是正或负。许多投资者，并不是他们的分析能力低，也不是他们缺乏投资经验，而仅仅是忍耐力欠缺，导致过早买入或者卖出，招致不必要的损失。因此，每一名涉足汇市的投资者都应该从意识上认识到，忍耐同样也是一份投资。

（5）金字塔加码。交易外汇，要量力而行，切不可孤注一掷，将一生的积蓄或全部家当全部投入。市场趋势难以预测，孤注一掷，很容易发生大亏损。比较明智的做法是实行"金字塔加码"，先投一部分，倘若市势明朗，对自己有利，就再增加部分投资。

（6）大跌后注意反弹，急升后注意调整。外汇市场上，价格的急升或急跌都不会是一条直线，升得过急会调整，跌得过猛会反弹。调整或反弹的幅度较为复杂，不易于掌握。因此，在汇率急升之后要特别小心，不能贸然投资。

（7）学会控制风险。外汇市场风险很大，它的风险主要决定于外汇价格的变数太多。虽然现在关于外汇波动的理论、学说十分多，但汇市的波动仍经常出乎投资者们的预料。外汇市场的投资者，要学一点风险概率方面的知识。在外汇投资中，要充分认识风险和效益、赢钱与输钱的概率及防范的几大问题。如果对风险控制没有认识，随意买卖外汇，往往会亏损。

3. 判别外汇走势

汇民做外汇买卖的最大心理期盼就是准确地预测汇率，以保证自己获利。而基本面分析可以令我们把握外汇市场的国家的经济基本面，从而决定其汇价的长期趋势。

炒汇的难点，一是分辨行情是多头、空头或盘整形态；二是克服逆市操作的人性弱点，为此既要不断积累经验增加认知，又要对基本面、技术面勤加分析，除此并无捷径可走。

（1）经济增长速度

各国经济的增长速度，是影响汇价的最基本因素。一个国家的经济加速增长会形成利好，这个国家的货币就会升值。在汇市中，美元占据主导地位。美国的经济增长速度影响着汇市，起着举足轻重的作用，一定要关心美国的经济数据。如果美国公布的经济数据普遍不好，会造成美元大幅下挫。

（2）国际收支

国际收支也是影响汇市的基本因素之一。国际收支是指商品和劳务的进出口和资本的输出及输入。一个国家的对外贸易在国际的收支中，如果收入大于支出，则对外贸易有盈余，也称顺差；相反，这个国家的对外贸易中收入小于支出，就是贸易赤字，也称逆差。

一个国家的贸易出现顺差，说明这个国家的经济基本面良好，市场对这个国家货币的需求增加，会使这个国家的货币升值。如果一个国家的贸易出现逆差，市场对这个国家货币的需求就会减少，会使这个国家的货币贬值。

例如，2007年美国为了保持其国内的物价稳定，采取了两个政策：一是主动让美元贬值，二是保持巨额外贸逆差。

美国的贸易逆差呈现下降趋势，对本国经济增长会发挥积极的作用。但是，长期大量的贸易逆差会使外国持有美元者信心受到动摇，从而加大美元贬值。这带来的后果是国际市场以美元计价的商品价格猛涨，如石油、铁矿石等。这种上涨趋势会传递到其他国家，直接造成以进口原材料生产的产品成本上升，销售价格随之水涨船高。

（3）货币的供应量

货币的供应量是指一个国家的央行或发行货币的银行发行货币的数量，这对汇率的影响也很大，一个国家必须保证它的货币供给保持一定的数量。如果发行的纸币过多，就会造成纸币大幅贬值，以至整个金融市场崩溃的情况。

如果一个国家的经济增长速度缓慢，或者经济在衰退，那么这个国家的央行就要考虑增加货币的供应量来刺激经济，它会奉行调低利率等宽松的货币政策，这个国家减息的可能性就会加大。反之，如果在采取了这种政策之后，经济好转，货币发行过多，会造成货币增长过快。那么，这个国家的央行就要采取紧缩的货币政策，它要减少货币供应量，以避免通货膨胀。

（4）利率水平

利率和汇价是紧密联系的。如果一个国家的利率过低，就有可能造成货币从一个低利率的国家流出，流向一个高利率的国家，大家以此获取息差。在国际上有一种"抛补套利"的做法就是根据这个原理操作的。

2005 年，国际外汇市场完全陷入利率旋涡之中，美元的走势受利率影响最大。2004 年 6 月份美联储开始了它的加息之旅，进入 2005 年后，美联储加息带来的利好效应开始呈现，而此后美联储继续一系列加息举措使美元成为市场焦点，美元的霸主地位凸现。美联储利率与美元汇率节节攀升，取得了双赢效果。然而，好景不长，在经历了利率风波后，美元疲态尽现。

2006 年美元进入调整年份，而 2007 年，美元更是步入了空前的下跌之中。美联储连续降息后，美元的利率水平已经很低，于是它对其他的主要货币连续地贬值。

汇市风云变化无常，三十年河东，三十年河西。利率虽然不是外汇市场变动的主因，但它仍是主导全球汇市的重要因素，并左右汇率发展方向。

（5）生产者物价指数

生产者物价指数表明生产原料价格的情况，可以用来衡量各种不同的商品在不同生产阶段的价格变化。各国通过统计局向各大生产商收集各种商品的报价，并通过自己的计算方法计算出百进位形态以便比较。

例如，现在美国公布的PPI数据以1967年的指数当作100来计算，这个指数由美国劳工部公布，每月一次。大家看到如果公布的这个指数比预期高，说明有通货膨胀的可能，有关方面会就此进行研究，考虑是否实行紧缩的货币政策，这个国家的货币因而会升值，产生利好。如果这个指数比预期的差，那么该货币会下跌。

（6）消费者物价指数

消费者物价指数反映消费者支付商品和劳务价格的变化情况，这个指数也是美国联邦储备委员会经常参考的指标。美联储主席格林斯潘就用它来衡量美国国内的通货膨胀已经到了什么程度，是否以加息或减息来控制美国的经济。

这个指数在美国由劳工部每月统计一次后公布，我们应该引起重视。这个指数上升，显示这个地区的通货膨胀率上升了，说明货币的购买力减少，理论上对该货币不好，可能会引起货币的贬值。

（7）失业率

失业率是由国家的劳工部门统计，每月公布一次的国家人口就业状况的数据。各国的政府通过对本国的家庭抽样调查，来判断这个月该国全部劳动人口的就业情况。有工作意愿，却未能就业的人数比例，就是失业率。这个指标是很重要的经济指标。

（8）综合领先指标

综合领先指标是用来预测经济活动的指标。以美国为例，美国商务部负责收集资料，其中包括股价、消费品新订单、平均每周的失业救济金、消费者的预期、制造商的未交货订单的变动、货币供应量、销售额、原材料的生产销售、厂房设备及平均的工作周。经济学家可以通过这个指标来判断这个国家未来的经济走向。如果领先指标上升，显示该国经济增长，有利于该国货币的升值。如果这个指标下降，则说明该国经济有衰退迹象，对这个国家的货币是不利的。

4. 外汇交易原则

"不要成为赌徒，投资不是赌博。"外汇市场也不是赌场。但是，从某种意义上来说，外汇交易市场确实就是一个赌场。因为它充满了魔力，无论是谁，一旦无法控制自己，而被这种魔力所吸引和控制，不倾尽财富，绝不会轻易离场。

你看见过有人从赌场里赢钱发家的吗？没有。技艺绝伦如赌王叶汉，其晚年也自叹："毕其一生也只与赌场打个平手而已。"而事实果真如此吗？

他曾吹嘘，他最辉煌的战绩是在美国赌城拉斯维加斯玩百家乐赢下一百万美元，外加赌场赠送给他的一辆劳斯莱斯。而事实的真相却是，他在此之前三天两夜输掉了三百万美元。——人们总是记住赢了多少，而从来不记得输掉多少，这或许就是俗话所说的"记吃不记打"吧。

所以，投资者要明白，投身于外汇交易市场是来小心经营，而不是赌命搏杀。如果你以经营的心态来操作，像每天的作息一样井井有序，那么无论是什么样的魔力，你也不会被其所控制。可是如果你一旦起了贪心，把它当作机会希望一搏致富。那么你就等于站在悬崖边上，现在又向前走了一大步。

下面是炒汇操盘的五条原则，希望能够对你有所帮助。

（1）坚决止损。止损是下一次舞会的入场券，而不肯止损却是走向失败的通行证。二者只是一念之差，结果却是天壤之别。

（2）严格按交易计划操作。绝不允许有任何个人的思维判断在其间。因为市场瞬息万变，你会有一千种思考的理由和选择方式，但在特定时间内，正确的结果只能有一个。更重要的是，你所做出的思考和判断无论是正确的还是错误的，对你都同样的是灾难。

这一次你可能是正确的，但这一次正确的机会会放大你对自己的认识和估价，放大你进入市场搏杀的勇气和筹码，释放你的贪婪，让你失去理性。

（3）把握大的方向，绝不逆势操作。只要大的方向没有改变，绝不违反这一条铁的法则。你可能因此没有拿到局部回调的利润，但你绝对不会掉进庄家所设的陷阱。

（4）每天最多只能发布一次交易指令，不论结果正确还是错误。连续发布交易指令，只会让你进入情绪化的陷阱，让你忘记进场的全部准则。最后的结果就是失控和亏损。

（5）严格进行资金管理。不管盈利还是亏损，你的入场资金永远要保持在操作账户的 15% 以下。可以追加入场的资金，但前提是在前面的单子有了一定的盈利。

5. 外汇交易术语

（1）交易术语

交易部位、头寸（POSITION）：买进外汇合约者是多头，处于盼涨地位；卖出外汇合约者为空头，处于盼跌地位。持有买入或卖出的外汇合约单位（手）即为头寸。

空头、卖空、作空（SHORT）：预期未来汇价将下跌，按目前市价卖出一定数量的货币合约，等价格下跌后再补进以了结头寸，从而获取高价卖出、低价买进的差额利润。

多头、买入、做多（LONG）：预期未来汇价将上涨，以目前的价格买进一定数量的货币合约，待一段时间汇率上涨后，以较高价格平仓所持合约部位，从而赚取利润。

持平、轧平：是指经纪商或交易者手上既没有多头也没有空头货币时的状况。如果经纪商没有任何头寸，或者其所持的全部头寸都互相抵销了，那么他的账目为持平状态。

开仓：即建仓，在某一价位首次买进或卖出的成交行为。

平仓：把买进单在现价位卖出，把卖出单在现价位买进，以结束交易。

保本平仓：在保本或有微利的情况下结束交易。

获利了结：赚到钱后将交易对象平仓，即卖出已买进的，买进已卖出的。

分批开仓：在同一价位或不同价位分批下单，可以是首次买入也可以是首次卖出。

分批平仓：是指在不同的价位分批平仓，即卖出已买进的，买进已卖出的。

恐慌性抛售：听到某种消息就平仓，不管价位好坏。

交易清淡：交易量小，波幅不大。

交易活跃：交易量大，波幅很大。

消耗上升：上升慢，下降快。

目标位：每一个压力位或支撑位就是目标位。

挂单：设定一个想成交的价格，让交易系统在该价格达到的时候自动成交。

跟进：按趋势方向追买或追卖的操作。

止损：方向错误时，在某价位立刻平仓认赔。

止盈：到达预定的获利目标后，立刻获利了结。

撤单：把已经预先委托的交易单取消。

锁仓：在没有平仓之前又开仓了一张和原有方向反向的、等量的交易单，以防止行情反向发展时扩大亏损。一般当交易者亏损了账户金额的 70% 时，经纪商即开始锁仓。

每手：是指每一张买卖的合约单位，一张（1 手）合约需要 10 万美元等值货币来购买，但有些经纪商提供"迷你账户"进行交易，即每手交易可能只需 1 万美元等值货币。

（2）市场术语

熊市：长期单边向下。

牛市：长期单边向上。

牛皮市：波幅狭小的盘整行情。

单边市：有十天半个月行情只上不下或只下不上。

上落市：货币在一区间内来回、上下波动。

盘整：一段升（跌）后在区间内整理、波动。

长期：3 个月到半年以上（1 000 点以上）。

中期：3 个星期到 3 个月（500 ～ 1 000 点）。

短期：一天到 3 个星期（30 ～ 500 点）。

超短线：是指当天开仓、平仓的操作。

波段趋势：是指多转空或空转多后的一整段同一趋势方向的行情。

（3）看盘术语

波幅：货币在一天之中振荡的幅度。

窄幅：30 ～ 50 点的波动。

振荡：价位在某一区域来回运行。

区间：货币在一段时间内上下波动的幅度。

上扬下挫：货币价格因消息或其他因素有突破性的发展。

胶着：盘整行情，区间狭小。

作收：收盘。

空头回补：原本是向上涨的，忽然开始向下跌，空头回攻市场。

多头回补：原本是向下跌的，忽然开始向上涨，多头回攻市场。

上探、下探：向上或向下测试价位。

上档、下档：价位目标（价位上方称为阻力位，价位下方称为支撑位）。

卖压：逢高点的卖单气势。

买气：逢底价的买单气势。

底部：下档重要的支撑位。

单日转向：本来趋势向上（下），但当日趋势又往下（上）走，且超过开盘价。

破位：突破支撑位或阻力位。

假破：突破支撑位或阻力位后立刻回头，形成突破的假象。

回档、反弹：在价位波动的大趋势中间出现的反向行情。

打底、筑底：当价格下跌到某一部位时，在一段时间内的波动不大，且区间缩小。

止蚀买盘：做空能力释放时，汇率不跌反涨，逼得空头不得不强补买回。

反手：发现行情与自己的判断相反时，立即平仓后按反方向下单。

上轨、下轨：按通道运行的规律画上下的平衡线，上方线是上轨，下方线是下轨。

企稳：是指价格在支撑位或压力位处能守住的意思。

共振：是指同类品种出现同方向的突破，或同形态的突破。

联动：一个品种出现某种方向性的运动后，其他相关品种也随之出现同方向运动。

四、外汇理财软件操作

所谓的外汇投资，就是赚取各种币种的价差，如今的外汇理财，主要是在互联网上进行。实际上要投资外汇，还有很多需要查询的数据。下面我们简单了解在网上银行查询外汇汇率的方法。

1. 查询外汇牌价

（1）进入和讯财经首页，选择"外汇"选项，进入具体的"外汇"栏，如图 4-1 所示。

> 图 4-1　和讯财经首页

　　（2）在打开的"外汇"选项中，投资者能看到当时或最近影响外汇方面的消息面。在页面的右下角也能看到当时的外汇牌价，单击可进入具体走势中，如图 4-2 所示。

　　（3）单击消息面投资者可查看具体消息，并分析对外汇走势的影响。单击外汇牌价可查看外汇具体走势，如图 4-3 所示。

> 图 4-2　外汇消息

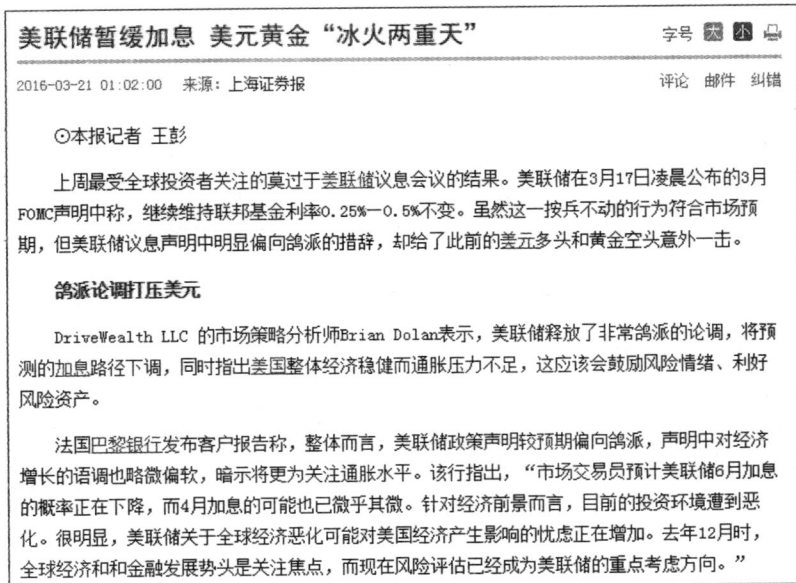

美联储暂缓加息 美元黄金"冰火两重天"

字号 大 小 🖨

2016-03-21 01:02:00　来源：上海证券报　　　　　　　　　　　　评论　邮件　纠错

⊙本报记者　王彭

上周最受全球投资者关注的莫过于美联储议息会议的结果。美联储在3月17日凌晨公布的3月FOMC声明中称，继续维持联邦基金利率0.25%～0.5%不变。虽然这一按兵不动的行为符合市场预期，但美联储议息声明中明显偏向鸽派的措辞，却给了此前的美元多头和黄金空头意外一击。

鸽派论调打压美元

DriveWealth LLC 的市场策略分析师Brian Dolan表示，美联储释放了非常鸽派的论调，将预测的加息路径下调，同时指出美国整体经济稳健而通胀压力不足，这应该会鼓励风险情绪、利好风险资产。

法国巴黎银行发布客户报告称，整体而言，美联储政策声明较预期偏向鸽派，声明中对经济增长的语调也略微偏软，暗示将更为关注通胀水平。该行指出，"市场交易员预计美联储6月加息的概率正在下降，而4月加息的可能也已微乎其微。针对经济前景而言，目前的投资环境遭到恶化。很明显，美联储关于全球经济恶化可能对美国经济产生影响的忧虑正在增加。去年12月时，全球经济和金融发展势头是关注焦点，而现在风险评估已成为美联储的重点考虑方向。"

> 图 4-3　分析外汇走势

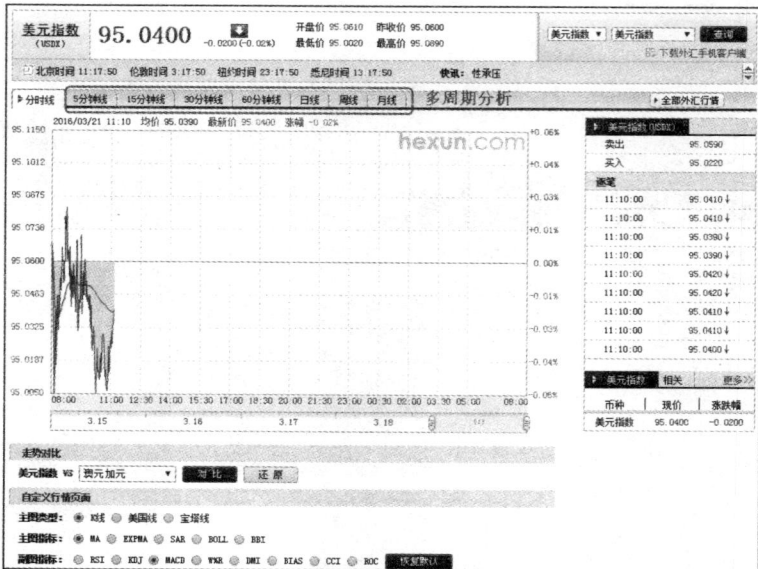

> 图 4-3　分析外汇走势（续）

（4）在打开的美元走势中，投资者可看到不同周期的走势。单击
"分钟线"按钮进入其中可查看不同周期走势，如图 4-4 所示。

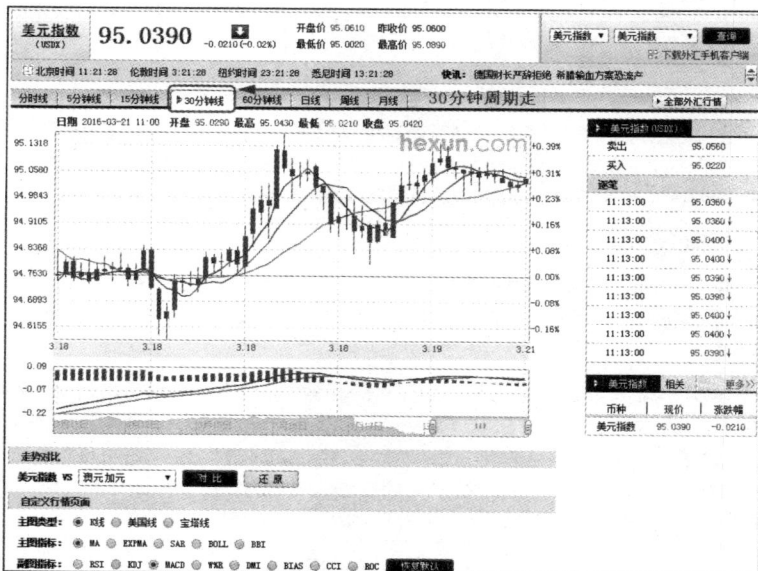

> 图 4-4　查看不同周期走势

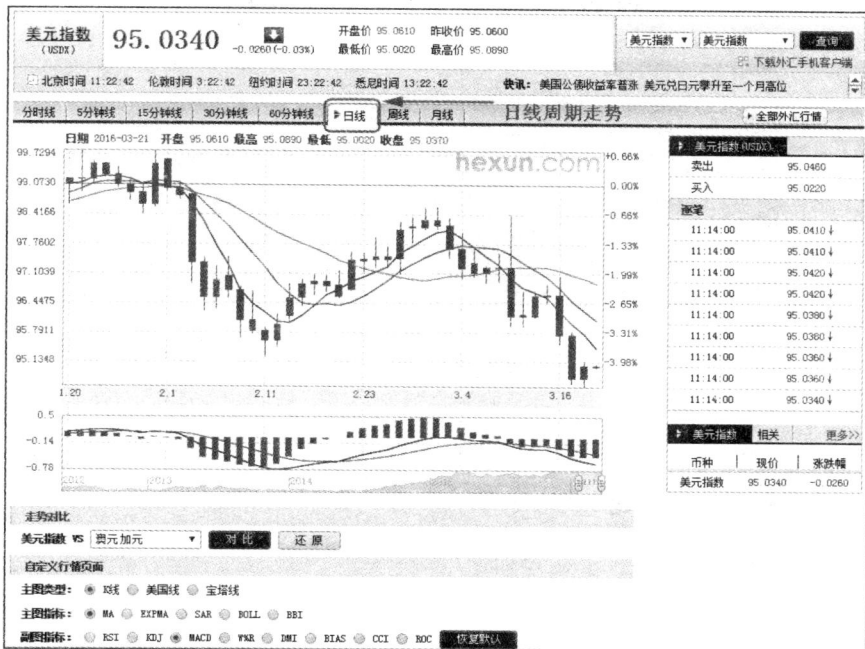

> 图 4-4　查看不同周期走势（续）

　　不同周期会有截然不同的走势，这也是投资者要注意多周期分析的原因。分析分钟线确定分钟级别的美元走势；分析线走势确定日线级别的走势。而当两者的走势出现不一致时，投资者要注意指数的长期走势是怎样的，进而注意规避短期风险。

2. 外汇投资平台开户

　　外汇不同于股票有证券交易所与券商，投资者投资外汇，一般通过外汇投资平台进行。下面介绍投资者在 ABL 交易平台开户的步骤。如今外汇交易平台的管理还相对松散，投资者开户时一定要选择合规的平台。

　　（1）进入 ABL 网站。在首页右上方单击"开设账户"按钮，如图 4-5 所示。

> 图 4-5　单击"开设账户"按钮

（2）在打开的页面中选择适合自己的开户类型，并单击"开立账户"按钮，如图 4-6 所示。

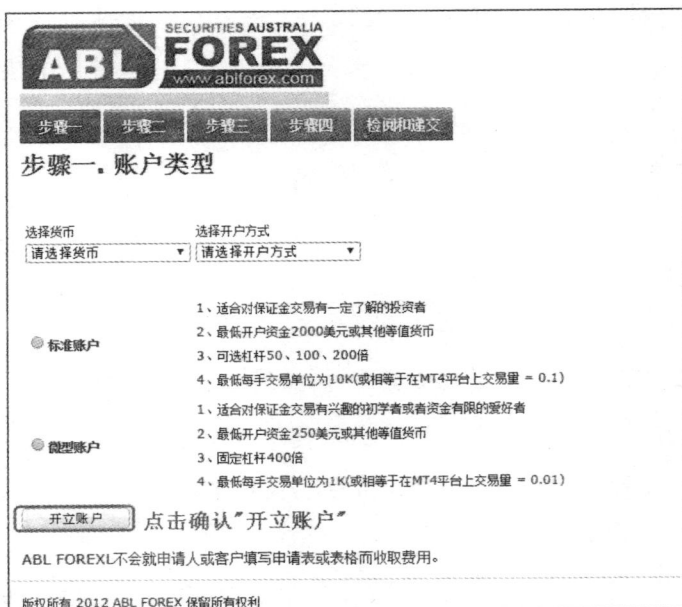

> 图 4-6　单击"开立账户"按钮

（3）在打开的页面中设置个人基础信息。包括个人基础信息、居住地址信息、联系方式信息、职业及收入信息、金融投资经历、介绍经纪商信息。确认以上信息后，单击"继续"按钮，如图 4-7 所示。

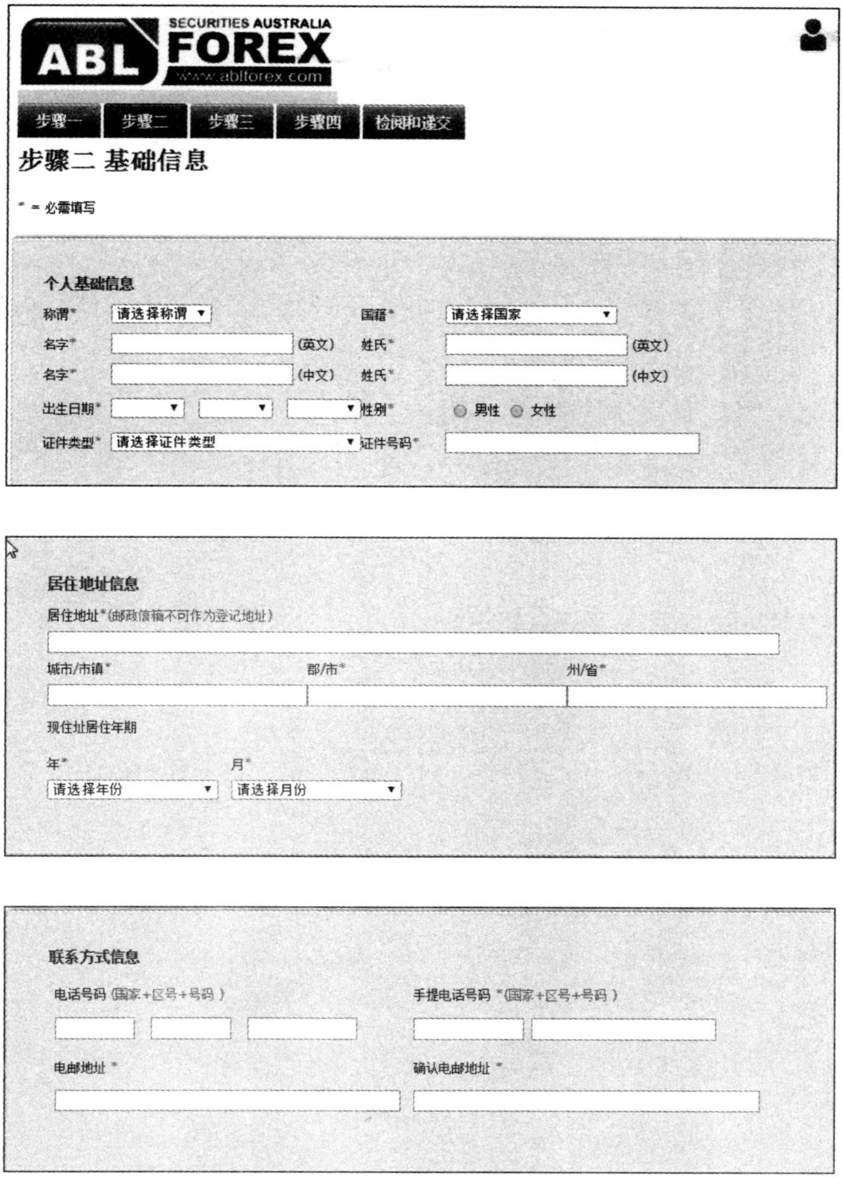

> 图 4-7　设置个人基础信息

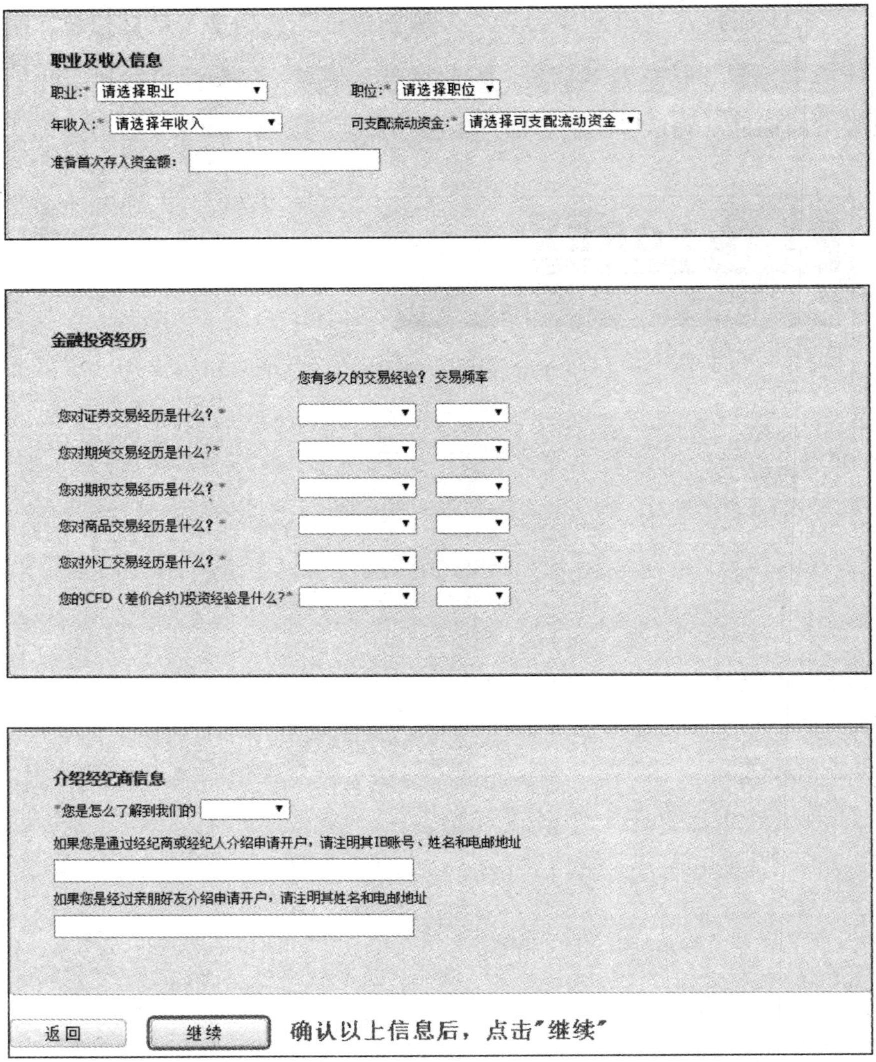

职业及收入信息

职业：* 请选择职业 ▼   职位：* 请选择职位 ▼

年收入：* 请选择年收入 ▼   可支配流动资金：* 请选择可支配流动资金 ▼

准备首次存入资金额： _____

金融投资经历

您有多久的交易经验？ 交易频率

您对证券交易经历是什么？* ____ ▼ ____ ▼

您对期货交易经历是什么？* ____ ▼ ____ ▼

您对期权交易经历是什么？* ____ ▼ ____ ▼

您对商品交易经历是什么？* ____ ▼ ____ ▼

您对外汇交易经历是什么？* ____ ▼ ____ ▼

您的CFD（差价合约）投资经验是什么？* ____ ▼ ____ ▼

介绍经纪商信息

*您是怎么了解到我们的 ____ ▼

如果您是通过经纪商或经纪人介绍申请开户，请注明其IB账号、姓名和电邮地址

_____

如果您是经过亲朋好友介绍申请开户，请注明其姓名和电邮地址

_____

[返回]   [继续]   **确认以上信息后，点击"继续"**

> 图 4-7　设置个人基础信息（续）

（4）确认协议条款，并单击"继续"按钮，如图 4-8 所示。

（5）身份信息确认，如图 4-9 所示。

| 步骤一 | 步骤二 | 步骤三 | 步骤四 | 检阅和递交 |

步骤三. 协议条款

* = 必需填写

Please acknowledge your agreement and understanding to all sections of the "Terms of Business" by selecting **Yes** below.

是　否

本人已经阅读、理解并同意该业务条款 □*　　○　○

本人已经阅读并理解风险披露 □*　　○　○

本人同意以电子通信方式进行通信 □*　　○　○

本人同意保障消费者告知 □*　　○　○

本人已经阅读并理解指令执行政策 □*　　○　○

本人已经阅读并理解利益冲突政策 □*　　○　○

本人同意电子签名 □*　　○　○

本人认为ABLforex所提供之产品(如适用)是适合本人的。* ○　○

本人谨此声明本人在此电子表格"客户资料"部分所提供的信息为真实且正确。本人进一步声明本人将就任何的重大变化以书面通知 ABL FOREX。

当按下"提交"时, 本人确认此为具有法律约束力的合约协议。本人已经仔细阅读并明白其中内容, 提交本协议书表示本人完全同意 受到上述列明各项条件和条款的约束。除非得到ABL FOREX书面同意, 否则对本客户交易协议书的修改均属无效。本人确认本人 已经从ABL FOREX网站下载全套账户申请文件, 而且本人没有对本协议或任何存放于ABL FOREX网站的原始形式的文件 ("原始 文件") 作任何修改或删除。如果出现任何修改或删除, 该等修改或删除均不对ABL FOREX具有约束力。在此情况下, 上述原始文 件的各条款规管了交易人于ABL FOREX的关系。

| 返回 | | 继续 | ←── 点击确认"继续"

> 图 4-8　确认协议条款

| 步骤一 | 步骤二 | 步骤三 | 步骤四 | 检阅和递交 |

步骤四. 信息确认

* = 必需填写

个人基础信息

称谓:

中文名字:

英文名字:

国籍:　　　　china

出生日期:

性别:

证件类型:

证件号码:

> 图 4-9　身份信息确认

（6）申请成功，如图 4-10 所示。

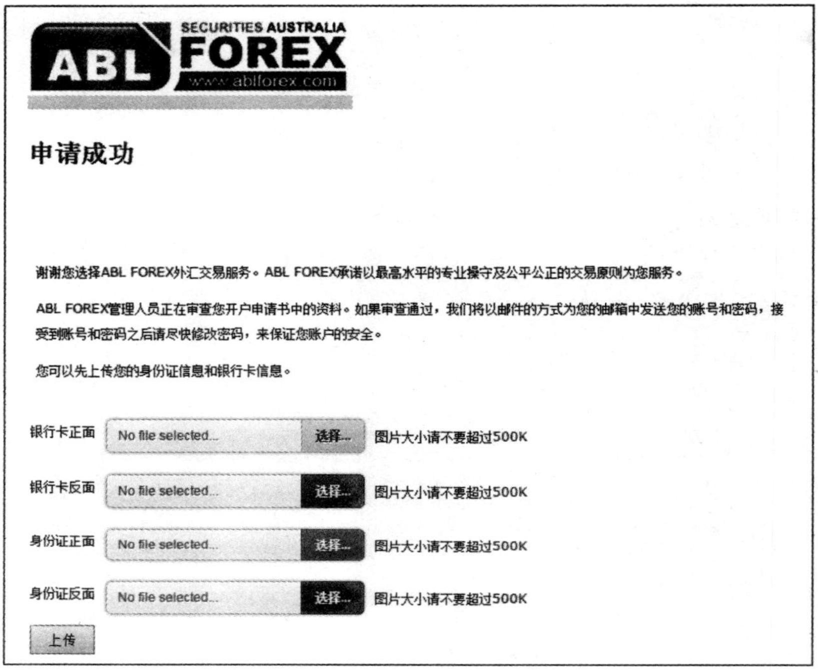

> 图 4-10　完成申请

3. 交易软件使用

同其他投资产品相比，外汇投资可能更需要交易软件的帮助。如今各大交易平台大都使用 MT4 软件。它是一种市场行情接收软件。集看盘分析、交易与一身，是非常方便的交易软件。

一般平台都有与自身平台相联系的 MT4 软件，投资者可通过在平台上开立的账户直接登录 MT4 软件。首先在网站上下载一个交易软件。

（1）打开网站，单击"产品"选项卡，在对应的"产品"选项下，选择适合自己的交易软件，如图 4-11 所示。

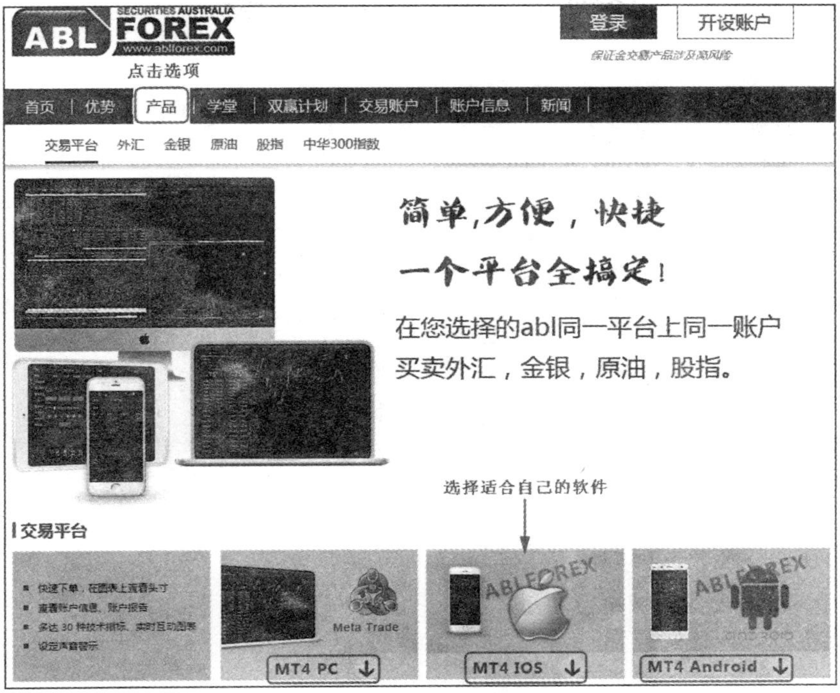

> 图 4-11　选择交易软件

（2）下载软件后，软件主界面如图 4-12 所示。

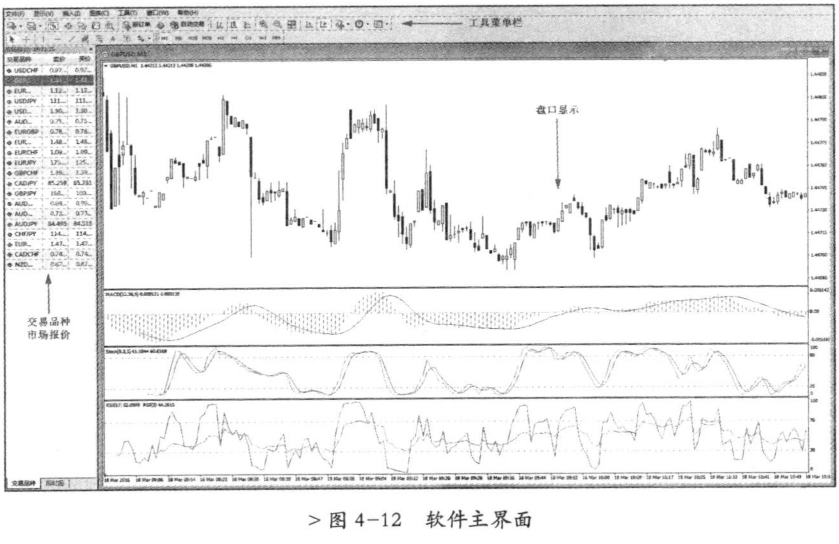

> 图 4-12　软件主界面

（3）在盘口栏右击，投资者可进行多项设置，包括交易、周期、模板、属性等，如图 4-13 所示。

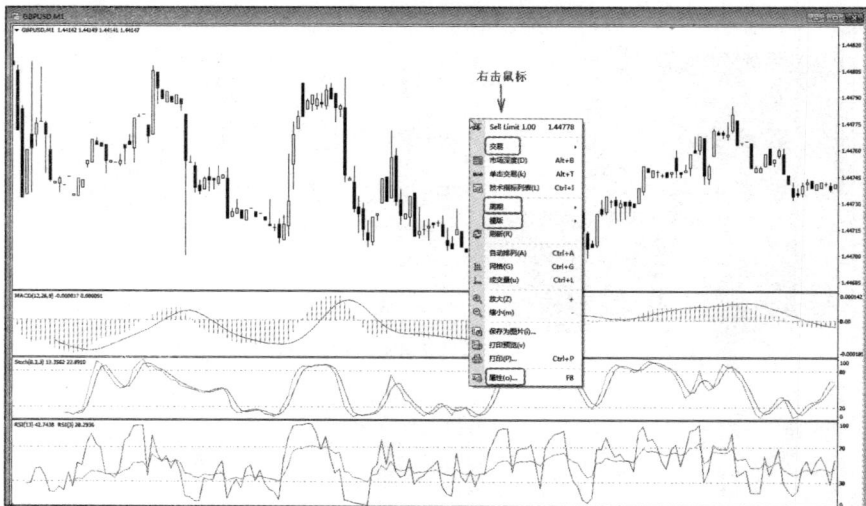

> 图 4-13　多项设置

（4）选择"交易"中的"新订单"命令，可对选定的品种进行交易，如图 4-14 所示。

> 图 4-14　选定品种

（5）新订单的内容包括：交易品种、手数、止损价、获利价、交易类型，即时成交价格、买卖。对以上内容确认后单击"OK"按钮。订单成交，如图 4-15 所示。

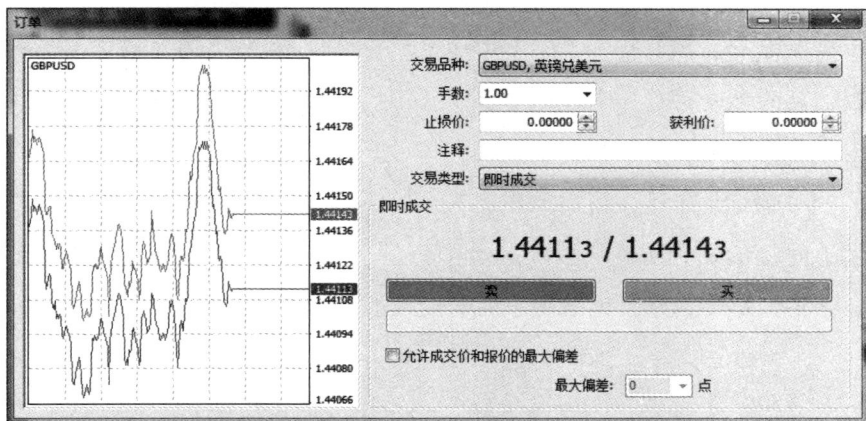

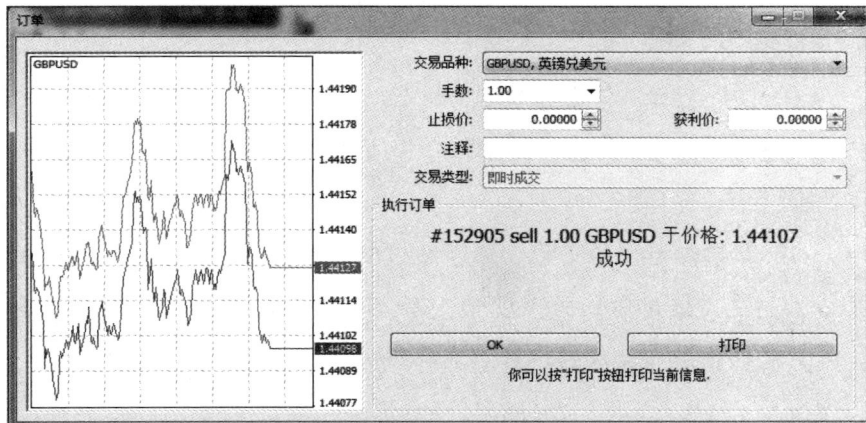

> 图 4-15　订单成交

外汇投资相对风险较高，投资者在投资时需要注意以下几点：

（1）适当投资。外汇一般面向国际市场，可能需要非常多的资金，切忌将生活资金作为交易的资本，资金压力过大会误导投资策略，徒增交易风险，从而导致更大的错误，甚至影响正常的生活。

（2）技术应用。外汇是跟随国际金融形式而变化的，它不同于其他的一些投资工具具有偶然性，掌握投资技巧与积累投资经验是非常重要的。如果没有固定的交易方式，那么获利也可能很随机。

（3）模拟账户。对于新手投资者而言，利用模拟账户练手是一个不错的办法。模拟账户是一种虚拟交易账户，不涉及实际资金，但盈利与实际账户完全一样。在模拟交易的学习过程中，主要目标是发展出个人的操作策略与心态。

（4）资金充足。所谓的资金充足，不是将自己或家庭所有的资金用于外汇投资，而是从投资资金中分出一部分不着急入市，这样既留下了犯错误的空间，也增加了后期投入的获利机会。

（5）独立交易。当我们投入了一种外汇交易品种之后，切记要将本次交易独立开采，因为各币种之间的交叉盘运用是完全可以改变投资方向的。如人民币兑美元的：汇率出现了下跌，并不意味着人民币兑欧元也会出现下跌。

（6）杠杆选择。外汇投资过程中，选择杠杆也是非常重要的一项技巧，不同的杠杆代表不同的风险，切记不要为了追求高收益而忽视了风险。

（7）实物炒汇。炒外汇，除了通过网络平台之外，还有一种比较传统的方法，就是兑换外币现金，等待升值之后再卖出以赚取利润。这种方法投资起点金额较小且便于管理。

第 5 章

金融指标里的
理财选择

一、金融指标俱乐部

发展经济，归根结底，离不开货币的供给关系。对于一个国家的经济发展来说，货币发行的多与少、流通货币的多与少等，一系列关于货币的因素时刻对经济的发展起着非常重要的影响。货币的供求关系如何平衡是非常有讲究的。一方面，滥发货币通常对应着通货膨胀；另一方面，流通货币不足又有可能会不利于国民经济的发展。

1. 货币乘数

货币供给，经济学上的定义是指一国或货币区（如欧元区）的银行系统向经济体中投入、创造、扩张（或收缩）货币的金融过程。

举个例子来说，人民银行印刷出 10 元的纸币，可以通过货币体系的乘数效应，利用这 10 元的纸币再创造出 100 元。

我国目前的货币供应量有 M0、M1、M2、M3 几个层次。

M0 是指狭义的货币供应量，指流通中的现金，就是中国人民银行印刷出来的，可以看得见、摸得着的钞票。

M1 就是我们常说的狭义货币，除现金之外，还包括旅行支票和其他支票存款，就是随时可以用来购买物品和服务、进行消费的货币，它反映着市场的实际购买力。

M2 就是我们常说的广义货币，除了 M1 之外，它还包括城乡居民的储蓄存款、企业的定期存款和政府的债券等。它除了能反映现实的购买力，也反映潜在的购买力。

M3 则是除 M2 之外，还要加上金融债券、商业票据帮大额可转让的定期存单等。

平常我们在财经新闻上看到的中央银行发行人民币数量，一般指 M2，也就是包括定期存款、活期存款和现金纸币在内的货币发行量。广义货币供给里面除了 M0，即人民银行印刷出来的现金之外，还包含一部分在商业银行里的存款货币，它是由现金通过货币乘数而产生。

这个流程基本模型是这样的：中国人民银行发行 100 元人民币，这就是 100 元基础货币。中国工商银行获得这 100 元存款后，假定存款准备金率 10%，那中国工商银行就向中国人民银行缴存 10 元作为存款准备金，把剩余的 90 元再贷出去。甲从银行贷款 90 元，购买乙的服务或产品，乙赚到了这 90 元，再存入中国工商很行。中国工商银行就会再次获得 90 元的存款货币。中国工商银行会上交 9 元存款准备金率，然后会把剩余的 81 元再次贷出去。如果丙贷款得到这 81 元，他有可能拿去消费或投资等。我们可以看到，这 100 元人民币在流通领域经过几轮流转，就可以形成购买力数百元的存款货币。

货币乘数所反映的是商业银行创造出来的存款货币是基础货币的多少倍关系。

货币供给量是否适当，关系着国家经济的方方面面。根据美国经济学家弗里德曼的理论，货币供给和通货膨胀有着直接的关系。"通货膨胀总是发生在货币量增加的速度超过了产量增加速度的情况下。"货币供给量的不断增加会在一定程度上推动物价水平的上升，尤其是货币供给量堵加速度超过实际产量增加速度的时候，就会导致通货膨胀的发生。

货币供给过多容易引起通货膨胀，但是货币供给不足又容易引起通货紧缩。对于一国的经济来说，通货膨胀还是通货紧缩都是不利的，货币供给量的控制对经济有着至关重要的作用。

2. 信贷增长

现实生活中，总有人手头上钱是不够用的，也总会有人一时的钱是用不上的。如果有一种方式可以让钱不够用的人先借暂时用不上的人的钱，就可以充分利用社会财富，提高社会财富的整体使用率。在这种情况下，信贷应运而生。

信贷，即是货币信贷，这里是指银行信贷，是指银行以信用的方式筹集到资金（主要是由居民和企业的存款组成），然后加上一部分自有资金，用于企业的贷款，以满足社会生产和商品流通的需要，在约定时间内收回并收取一定利息的经济活动。

信贷政策，是指中国人民银行根据国家宏观经济政策、产业政策、区域经济发展政策和投资政策，并衔接财政政策、利用外资政策等制定的指导金融机构贷款投向的政策。

在我国，银行信贷对企业的发展起着决定性作用。因为我国是一个以间接融资为主导的金融体系，银行业占全部金融业资产的 90% 以上，大部分资金都集中在银行手里，银行是整个国民经济的"资金池"或"储水池"。而我国的企业，除了一小部分的民间信贷外，大部分的融资主要来自于银行信贷。银行掌握着企业的经济命脉。

银行信贷要保持合理的增长。若是增长过快，就会对经济产生不利的影响。货币供给理论当中，M2 的创造有 90% 是银行存款。如果银行信贷过快增长的话，就会造成投资加剧，经济发展过热现象，导致生产过剩，供大于求。而过剩产品若是不能及时转化为资金，就会导致企业经营困难，无法及时偿还贷款，进而会影响到银行的信贷业务，造成现金奇缺，银行的信贷业务无法正常运营，就会被迫关闭或破产。

在这种情况下，政府一般要出台稳健的货币政策进行调控，要紧缩银根，或者通过提高存款准备全率减小货币乘数，抑制信贷过快增长。这就是我们通常所说的宏观调控手段的两大利器之一——"货币手段"。

如果是经济衰退的时候，银行贷款紧缩，许多企业就会因资金链断裂不得不改组或关闭，失业率也会增加，居民的收入就会下降。收入的下降意味着消费者需求下降。进一步恶化经济的发展。

所以，银行信贷增长过快对经济发展不利，信贷紧缩也会不利。政府需要不断地调整货币政策来保持信贷的合理增长，使宏观经济能够健康地发展。

3. 存款利率

中国人大都有着保守的理财观念，害怕风险、寻求安稳和看重未来，认为储蓄最有保障。很多人都想着，现在少花点钱，存钱是为了以后能够有更好的生活，生怕哪天失业了或者得了重病，经济状况不好的时候，有点存款仍可以平稳地度过。

我们都知道，人民币存在银行里，可以收取利息，活期的最低，定期的相对高一些，若是存上三五年的定期，利息会更多。但是，如果 CPI 高于银行的存款利率，就会出现负利率，就是说我们的钱存在银行里，变相地缩水了。

例如，当年 3 个月期的定期存款率是 2.85%，但是这个时期的物价指数 CPI 为 5.4%。假如你存了 1 万元的 3 个月定期，到期后你可以获得 71 元的存款利息，但是通货膨胀带来的物价上涨却高达 135 元，那实际上你的 1 万元在银行里存了 3 个月，最终却亏了 64 元。罪魁祸首就是负利率。

负利率尽管对社会有不良的影响，但是在短时间内这一问题很难顺利解决。对于我们来说，要应对负利率，只能够理性投资，让我们的财富尽量不贬值。

从理财的角度来说，负存款利率并不一定就意味着把钱存在银行不划算，因为投资的意义就是尽量让财富保值和增值。相比较股市与房市的风险，选择把资金存在银行，又是相当明智的决定。毕竟，在资产价格仍有可能继续下跌之际，持币待购是非常理性的选择。

4. 存款准备金率

银行为了确保客户提取存款和资金清算的需要，在中央银行里必须存有一定比例的存款。这个存款就是存款准备金。这个存款准备金的比例是由中央银行决定的，称为存款准备金率。

对于银行来说，存款准备金是无法贷放出去赚取收入而闲置着的存款，是银行经营活动的一项成本，所以银行一般不愿意保留太多的存款准备金。但是如果银行的存款准备金过少，就会出现提款人来取款时不够现金兑付的风险。中央银行作为商业银行的监管者，它要监管银行不能为了提高收益而冒太高的风险，于是强制性的制定出存款准备金率，控制银行的运营风险。

因为存款准备金率可以直接决定货币乘数，影响存款货币的创造，所以调整存款准备金率理论上就成了一种货币政策工具。

货币政策的目的是为了稳定货币价值，为经济发展提供一个平稳的环境。可是存款准备金率的微调，都会通过货币乘数的放大效应大幅度地改变一国之内的货币供应量。每一次调整存款准备金率都会影响经济的运行。

对银行来说，存款准备金率的下降，可以提供贷款的资金增加，贷款利润也相继增加，对银行的业绩起到积极影响；对企业来说，影

响是最大的。对于那些非常依赖银行贷款和融资能力不强的中小企业
起到了积极作用，可以促进企业投资，提高生产能力，有利于企业的
良性运转。

对股市和基金市场也是一个积极的影响因素。银行信贷的放松、
企业良好的发展前景、更多资金的进入，对股票价格和市场信心都是
很大的支持。

5. 外汇储备

外汇储备，是指一国政府持有的以外币表示的债权，是一个国家
货币当局持有并可以随时兑换外国货币的资产，包括现钞、国外银行
存款、国外有价证券等。我国对外贸易顺差赚回来的外汇收入不都算
是外汇储备，只有用不出去的才是外汇储备。

一定量的外汇储备是有好处的。特别是在经济全球化不断发展的
过程中。一国经济更易受到其他国家经济影响的情况下，外汇储备的
作用就可以发挥出来。当国际收支出现逆差时，动用外汇储备可以促
进国际收支的平衡；当国内宏观经济不平衡，出现总需求大于总供给
时，可以动用外汇组织进口，从而调节总供给和总需求的关系，促进
宏观经济的平衡。同时，当汇率出现波动时，可以利用外汇储备干预
汇率，使之趋于稳定。

充裕的外汇储备标志着一国的经济实力，这样才能很好地应对金
融风险，有效地干预外汇市场等。所以，我们应该根据持有外汇储备
的收益、成本比较和这些方面的状况把外汇储备保持在适度的水平上。
一般来说，外汇储备的规模保持在 4 个月进口总额的水平上就可以。

外汇储备的充足有利于防范国际金融风险的冲击和金融危机的波
及。但外汇储备过量，就需要考虑再增加外汇储备的边际成本和边际
效率谁更高些。

中国的高额外汇储备主要是美元资产。经济学家们普遍认为，美元在全部外汇储备中的比例应该在 2/3 左右，其中包括购买的 1.15 万亿美国国债，约占美元外汇储备的一半，其余也主要是机构债券和股票等。

既然外汇储备这么多，政府为什么还要不停地积累外汇呢？事实上这也没有办法，收取外汇也是被动的。我国到目前为止还在实行外汇管制，企业出口商品赚到了美元，就必须到国家外汇管理部门那里兑换成人民币。要是谁想要进口什么东西的话，就得拿人民币来兑换美元再去买。而我国一直都是出口大于进口，存在着贸易顺差，这样下来，国家的外汇储备只会不断增加。

美元储备再多，也不能在国内用，不能买国内的债权，是只能用在国外，去买别国的东西。我们的美元储备都是国家用人民币换购的。3 万亿的美元储备，那就是说国内多发了 20 万亿元人民币进入流通领域，我国的货币供给当中就有 20 万亿元属于外汇占款。这部分多发放的货币又会加剧国内通货膨胀的压力。

既然外汇储备那么多，放在那里会贬值，那为什么不加以利用呢？实际上，这 3 万亿美元的巨款想要花掉还真的不容易。很多专家学者就出谋划策，提出要通过汇率、进出口、税收等政策鼓励企业或个人在海外投资，如海外直接投资、战略收购等，或者是用于引进国际高端人才、投资欧债等。

我国政府也确实在想办法把国家的外汇储备花出去，减少持债。目前，中国政府采取了一些支持居民持汇用汇的政策措施。如已经实现了经常项目完全可兑换，居民用于货物贸易、服务贸易等经常项目用途的购付汇需求被充分满足，资本项目下除对一些风险较大的国际收支交易存在部分管制外，企业对外直接投资，企业和个人通过合格境内机构投资者（QDII）投资海外资本市场等渠道均已不再有政策障碍。

我国还大力支持企业在国际资本市场上积极从事并购、重组和增持，以及在出口贸易中推广贸易信贷等，这促进了企业投资便利化，有利于国家和企业充分利用"两个市场、两种资源"，客观上还缓解了外储增长过快的压力。

从长远来看，要解决巨额外汇储备的出路有以下两条。一是刺激内需，减少顺差，减少外汇的流入。二是加速推动人民币国际化，将自己的货币打造成具有国际信用的储蓄载体。人民币的自主、开放和崛起，是解决中国外汇储备投资难题的一个根本办法。不过这只是长远的展望而已，人民币国际化仍需要一个过程。

在当前的经济形势下，未来我国的外汇储备还将会进一步增加。外汇储备的经营就成了一个非常重要的任务，需要认真研究国际经济形势的变化，审慎把握投资机会，尽量多元化经营，实现外汇储备使用的合理与利润最大化。

二、金融指标与银行理财

有一个"富二代"，他在 1980 年时就拥有了 200 万元的身家。在 10 000 元还属于天文数字的 20 世纪 80 年代，有这么一座金山，他觉得下半生都有保障了。于是，他在农场买了套别墅，留下几十万元存款，就拿着其他的钱，轻轻松松地去周游世界了。时间到了今天，他那几十万元存款再也不能是下半生的保障了，剩下的旧别墅也没法让他觉得有安全。如今也只能打工赚钱来维持生计。

成都有位叫汤玉莲的婆婆，她在 33 年前把自己的一笔巨款 400 元存进银行，之后一直忘了取，到了现在连本带息取出来，是 800 多元。只是当年可以买一间房的巨款，现在只能买一瓶茅台酒了。

有人算过，从 1980—2010 年，30 年间人民币的贬值幅度达

90%。假如你在 1980 年有 100 万元存款，忽略利息经过贬值后，到 2010 年将只剩下 10 万元购买力。而按目前货币增长与通货膨胀的估算，假如现在有 1 000 万元不进行理财投资，10 年后可能也只有 200 万元的购买力，30 年后只有 10 万元的购买力了。

为什么钱会贬值得这么快呢？仅仅是 CPI 上升的原因吗？当然不是。CPI 之外，M2 是导致货币贬值的罪魁祸首。

1. M2 与货币保值

人们现在用货币来衡量财富的规模，那社会财富的增速也大体可用货币的供应量，即广义货币（M2）的增幅来作为参考。从 1985 年起，我国 M2 的复合增长率高达 23%。截至 2010 年 8 月，我国 M2 的规模达到 68 万亿元，大约是 10 年前的 5.5 倍。在过去的 10 年中，由于货币的超量供应，我们的居民储蓄都被 M2"淹死"了。10 年前，如果我们手中有十几万元，差不多可以买一套房子。但是现在十几万元连支付房子的首付都有点困难，M2 的飞速增长让我们的钱也快速地贬值。

根据数据显示，2012 年 1 月，M2 余额 85.58 万亿元，比 10 年前大约增长了将近 7 倍。而中国人民银行称，2012 年 M2 的供应量初步预期增长 14% 左右。在未来的 10 年中，如果按政府工作报告的一贯目标即 17% 的增长测算，则未来 10 年中国 M2 的总规模将达到 340 万亿元；若为 15%，也将达到 282 万亿元。

从投资理财角度上来讲，如果你跑赢 CPI，你的财富才没有被缩水。如果你跑赢了 GDP，你就没有输给经济的增长；但是你如果输给了 M2，尽管你的财富有所增长，但你在社会中的财富地位依然是下降的。

那在未来 10 年中，我们的投资也不能仅仅是跑赢 CPI 和 GDP 了，更要跑赢 M2 的增长量，才可以让我们的财富保值。

陈先生从 2001 年开始理财，2001—2003 年投资凭证国债。他说，2002 年之前钱还是很值钱的，10 多万元就可以买一套商品房。但是到了 2003 年钱开始贬值。房屋价格一下子就从年初 2 000 元／平方米跃升到年底的 8 000 元／平方米。2004 年他抄底记账国债，到 2005 年高卖，收益接近本金的 17%。可是收益根本没有物价上涨快。2005 年银行开始有了纸黄金，当时 114 元／克，持有到今天就算 300 元／克。2006 年、2007 年两年股票牛市，勉强可以接近货币贬值，但是 2008 年的 1 700 点可能给每个股票、基金投资者留下了一段辛酸的回忆。2006 年、2008 年两次亏损 17 000 元，告诉自己要坚持，坚持，再坚持。也在 2007 年、2009 年都取得了超过 100% 的收益，10 年保持了正收益，可是都没有战胜物价上涨。

在 2002—2012 的 10 年当中，很多的理财投资产品都跑不过 M2 近 500%～700% 的增长率。

2002—2012 年 10 年间，黄金的涨幅为 350%，石油的涨幅为 200% 左右。房地产价格平均累计涨幅超过 500%。一些东部或沿海城市的涨幅则更为喜人，如上海、深圳、杭州、北京等地估计都在 6～8 倍，成为可以跑赢 M2 的最大赢家。

在过去的 10 年，投资方式选择的对与错让财富差距大大地增加。有两位投资者，分别有 100 万元。从 2001 年 6 月份开始，一个拿去买了房产，他采用银行按揭，投资了 500 万元的房地产，到了 2005 年的时候，房价就上涨了 100%，100 万元变成了 1 000 万元，还了银行的利息和其他费用，净利 900 万元。

但是投资股市的 100 万元，如今只剩下 20 万元。

在未来的 10 年，我们的理财更要找准投资定位，做出正确的投资才能让财富更好地保值增值。那在未来的 10 年，我们还能指望靠房子去跑赢 M2 的增长吗？

专家分析，房地产市场由于过去 10 年累计涨幅已高，虽然目前房价比较坚挺，但要在今后 10 年再上涨 2 倍以上，可能性似乎不大。

目前沪深 300 指数市盈率 16 倍左右。显然，目前估值水平相对合理的是 A 股，只要 A 股企业整体的赢利增长年均超过 12%，则今后 10 年 A 股跑赢 M2 的可能性还是存在的。

一些实物商品市场，如棉、棕榈油、黄金、白银、铜等方向的投资有可能达到 M2 的增长率。目前，黄金是理财炒得最热的产品。大家都在争相购买黄金，导致金价暴涨、暴跌。相比黄金，白银投资也是个不错的选择。1940 年世界黄金存量为 3 万吨，白银却是 30 万吨，到 2011 年，世界白银存量从 32 万吨下降到 3 万吨，黄金存量从 3 万吨上涨到 31.5 万吨. 白银现在只是黄金存量的 1/5。黄金几乎不会消耗，而白银存在氧化，银资源会不断减少。2010 年银价上涨 18%，超过金价 14% 的涨幅，白银逐步受追捧。

有句话说："其实赚一亿元并不难，难的是让理财方式适合自己。"任何一种理财方式都是有一定时间性的。所以我们要练就一双慧眼得以看清，摸透市场规律。这样你才能独占鳌头。选择适合自己的财富增长方式更好地维护自己的财富地位。

2. 存款准备金率与理财

存款准备金率的每一次调整，都会给国家的经济带来一番波动，也会对普通老百姓的理财有直接的影响。如果存款准备金率进一步降低，带来降息的可能的话，老百姓的投资理财手段更是要做出调整了。

存款准备金率的持续下调，说明通货膨胀已经得到了一定的遏制，政府的政策开始倾向于保增长，这有利于银行信贷规模的恢复，对中小企业是个利好消息，也有助于股市恢复市场信心。

存款准备金率的调整对普通市民的投资方向有不小的影响。像

2011 年，股市债市双熊，资金在这两个市场损兵折将，但是货币市场却风景独好，投资其中的产品获益颇丰。大部分货币基金平均年收益率高达 4.66%，远超过 1 年期的定存利率。但是，下调存款准备金率后，主要投向银行间市场央行票据、商业票据等流动性较好的货币基金收益就不可避免会下滑，而债券类投资产品就会重大利好，一旦流动性紧张局面有所改善，那么信用债价格有可能进一步上涨。所以我们要分清存准率的下降，甚至出现降息对理财产品的具体影响，找到收益较高的产品进行投资。

2012 年以来，银行理财产品收益水平已经出现一定程度的下滑，降准的消息一落地，银行理财产品的收益率还将继续走低。存款准备金率的下调，未来政策的预期是降准降息。对于普通的投资者来说，升存短，降存长，这是个普遍的原则。意思就是在加息过程中，要投资短平快的产品，从而保持资金的灵活性。而在降息过程中，则要投资期限较长的产品，提前锁定较高的收益。

目前银行的短期理财产品收益下滑，投资者就要改变投资策略，在收益率进入下行周期的预期下，可以选择半年或一年以上投资期限较长、预期收益率又较高的理财产品。

我们举个例子，假设 1 月份时购买的是 3 个月的理财产品，在 4 月到期时再次购买 3 个月期产品续接，则即使到时产品收益率保持目前的 4.9% 不变，投资 20 万元，两期产品的收益将分别为 2 500 元和 2 470 元，半年收益共计为 4 970 元。但是由于老产品到期时未必立即有新产品续接，因此中间会损失一定的时间成本。

而假设投资者在 1 月份时直接购买 6 个月期产品，半年期产品的预期收益率为 5.4% 左右，则半年时间收益为 5 400 元，不仅比购买 3 个月期产品多了 430 元，资金实际占用时间也更短。

同样是银行的理财产品，不同的银行给出的收益率是不同的，需要我们讲究选择的技巧。目前不少银行为了扩大网上银行和手机银行的影响力，对通过这类渠道购买的理财产品，往往给予比柜台认购略高一些的收益水平。目前不少银行专为网上银行用户设计的理财产品，不仅申购费率低，而且收益率也高于柜台销售的产品。一些小银行发行的债券、票据和货币市场类理财产品，给出的预期收益率会高于大型商业银行。此外，部分银行的分行所推出的理财产品收益率会高于总行发行的产品，这也是需要投资者去进行比较的。

对于手中闲置资金较多的投资者，同样有机会获得更高的收益。目前不少银行理财产品对于投资超过 30 万元以上的客户，给予更高的收益率。有一家银行一款 1 年期理财产品，对于投资 30 万元以上客户给予 7% 的投资收益率，从目前看属于非常高的水平。还有不少银行理财产品针对不同的投资金额给予不同收益率，投资越多收益越高。

其实，投资者如果想保持较好的流动性，又想获得较高的收益，就要对自己的理财资金做多层次的安排。例如，把将要花掉的钱和未来 6 个月的生活费购买银行超短期理财产品，获取比活期存款高的收益率：把暂时不用的钱，放在投资中期理财产品上。把长期不用的钱放进理财账户，可以将这些钱购买 1 年期以上的理财产品，或者投资风险高一些的结构化理财产品、涉股类理财产品等。这样一旦市场好，可以额外得到一些收益。即使有些亏损，也不至于使自己的家庭生活受到影响。

总之，存款准备金率的下调会使货币流通趋向宽松，股市楼市都会受到影响，对我们的理财更会有直接的影响。我们要迅速调整自己的理财策略，尽可能实现最大的收益。

三、银行理财产品类别

现在银行理财产品非常多，根据预期收益的类型，可以分为固定

收益产品、浮动收益产品两类。按照投资方式与方向的不同划分，则
有基金债券类理财产品、信托理财产品和现在十分流行的 P2P 信贷
融资产品等。

1. 银行理财分类

（1）基金债券类理财产品。在过去，银行是基金产品的主要销售
平台。尽管很多大的基金公司可以有自己的直销平台，但是大部分的
基金产品都是通过银行销售出去的。不过，现在互联网发展迅速，基
金产品的销售开始转向网络平台，比如第三方网络支付平台支付宝推
出的理财产品——余额宝，实际上就是一种货币基金。银行平台销售
基金有一定的资金门槛，而且要缴纳一些手续费。

（2）信托理财产品。信托理财产品属于高端理财产品，与其他理
财产品相比，信托理财的资金门槛更高，通常需要 100 万元以上。不
过信托理财产品的收益高、稳定性好。信托产品一般是资质优异和收
益稳定的基础设施、优质房地产、上市公司股权质押等信托计划，大
多有第三方大型实力企业做担保，在安全性上比一般的浮动收益理财
产品要高出一头。但是，信托理财产品并不是没有风险，从 2013 年
年末吉林信托的松花江 77 号，到 2014 年年初中诚信托的 30 亿元被
爆出兑付风险，使得人们逐渐认识到信托理财产品的风险。因此，购
买信托理财产品一定要小心选择。

（3）P2P 信贷融资产品。P2P 信贷主要是指个人通过第三方平台
在收取一定费用的前提下向其他个人提供小额借贷的金融模式。客户
对象主要有两方面，一是将资金借出的客户，二是需要贷款的客户。
随着互联网技术的快速发展和普及，P2P 小额借贷逐渐由单一的线下
模式，转变为线下线上并行，随之产生的就是 P2P 网络借贷平台。这
使更多人群享受到了 P2P 小额信贷服务。目前有一些银行，比如招商

银行，已经开始着手建立 P2P 信贷平台，如果你手里有一笔钱，想要放贷，获得更高的收益，可以考虑一下。

银行理财产品，简单来说就是银行为储户设计的资金管理计划，投资者将资金用来购买银行理财产品，银行按约定的时间及利率支付投资者利息。与存款类似，但比存款有更多的选择。

附：理财产品具体分类表。

理财产品分类

产品类型	投资方向	产品特点
债券类产品	债券类产品主要投资国债、央行票据等非信用类工具，同时也支持一些大型国企的信用类企业债券	投资的风险非常低，收益比较固定，年化收益率一般略高于银行定期存款
信托类产品	信托类产品的主要投资渠道是信用等级比较高的金融机构的信托产品，同时还包括信誉较好的银行信托产品	信托类产品虽然不承诺保本，但产品收益一般都相对稳定，风险也相对较小
结构性产品	结构性产品的主要投资对象一般是组合形式，即包括稳定的债券类产品，也包括股票等高风险产品	结构性产品和其他理财产品不同，它的收益与投资对象的收益直接挂钩，可高可低，其比例会明确告知投资者
新股申购类	新股申购的产品主要是集投资者的资金，参与网下的新股申购，同时也会利用银行特有的渠道参与新股申购	产品并不保本，其风险与新股的市场表现、中签率都直接相关
QDII产品	QDII就是代客境外理财，将人民币兑成外币，投资于海外资本市场，到期后将本金及收益皆以人民币返还给投资者	产品一般不保本，多为投资港股、欧美股票、商品基金，资金全额，投资该类标的，风险相对较大

2. 银行理财计算

购买银行理财产品，我们需要对银行理财产品的收益计算、时间特点有一个详细的了解，这样才能在银行理财市场站稳脚步。银行理财产品的利息计算公式比较简单，与存款基本类似，具体为：

利息=本金×预期年化收益率×期限（天数）/365

虽然银行理财产品有明确的利息计算公式，但很多时候我们实际获得的利息却和我们计算的不一样，这是为什么呢？

这是因为银行理财产品在时间上有一定的限制，限制的内容具体如下所示。

（1）计息期

计息期也就是理财产品开始计算利息的时间，在产品说明书中被标为起始日，起始日并不等于资金投入日。

（2）募集期

募集期是指银行理财产品从挂牌销售到开始计算利息之间的时间，一般为 3～5 天，最多的可达 10 天左右。在募集期期间，银行是不计算利息的，甚至连基础的活期利息也没有。

（3）结算期

结算期也称为终止日或到期日，是理财产品到期结算停止计算利息的时间，这期间同样不计算利息。

（4）清算期

清算期是指结算日至本息到达投资者账户之间的时间，这段时间短则一天长可达 5～7 天。

四、网上银行理财实战操作

在网上银行购买理财产品，其步骤很简单，下面我们就简单来了解一下，如何通过网上银行购买理财产品。

（1）登录个人网银。正确填写网银用户名和登录密码，并单击"登录"按钮，如图 5-1 所示。

（2）进入网银的个人用户中心。在用户中心我们看到多种银行产品，单击"理财"选项卡，查看具体产品。在"理财"选项卡下，有多项理财集合，投资者可从中选取适合自身需要的，如图 5-2 所示。

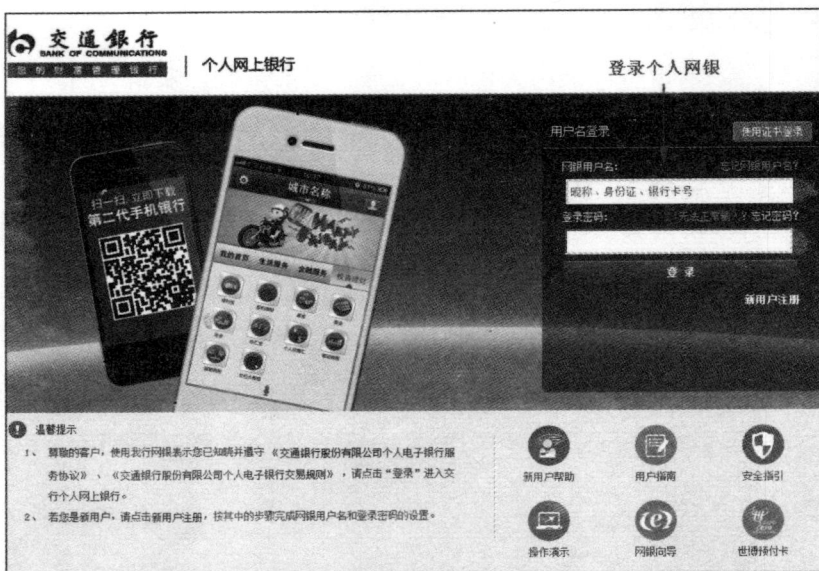

> 图 5-1　登录个人网银

> 图 5-2　查看具体产品

（3）在"理财"选项卡下有多项理财集合，单击理财产品"得利宝理财"，进入理财空间，查看具体理财产品，如图 5-3 所示。

> 图 5-3　单击理财产品"得利宝理财"

（4）在打开的页面中选择"产品购买"选项，投资者们可看到产品列表，如图 5-4 所示。

（5）在出现的产品列表中，选择符合自身需求的产品，并单击"认购"按钮确认，如图 5-5 所示。

（6）在认购过程中，投资者要注意认购的金额，在确认金额正确后，单击"下一步"按钮确认，如图 5-6 所示。

（7）以上认购信息重新确认，投资者单击"确定"按钮，如图 5-7 所示。

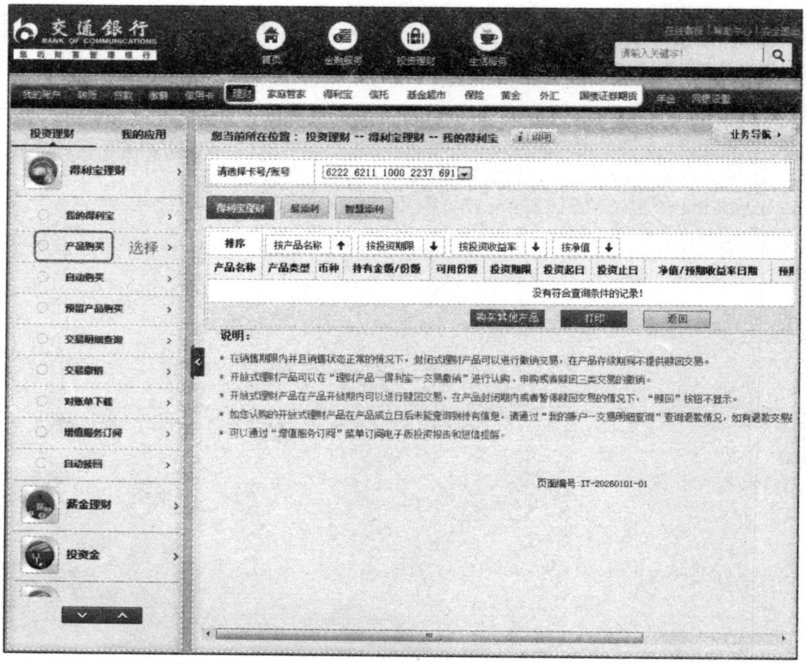

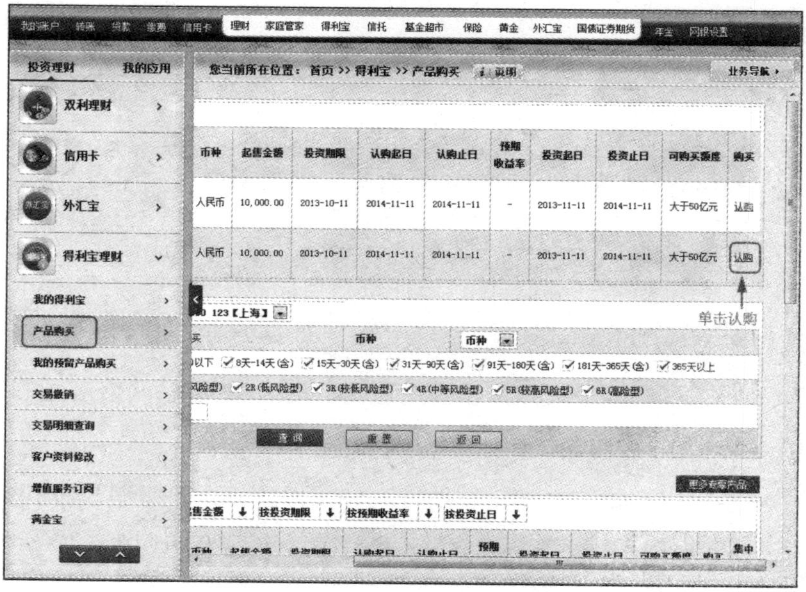

> 图 5-4　产品列表

> 图 5-5　单击"认购"按钮

> 图 5-6　认购金额

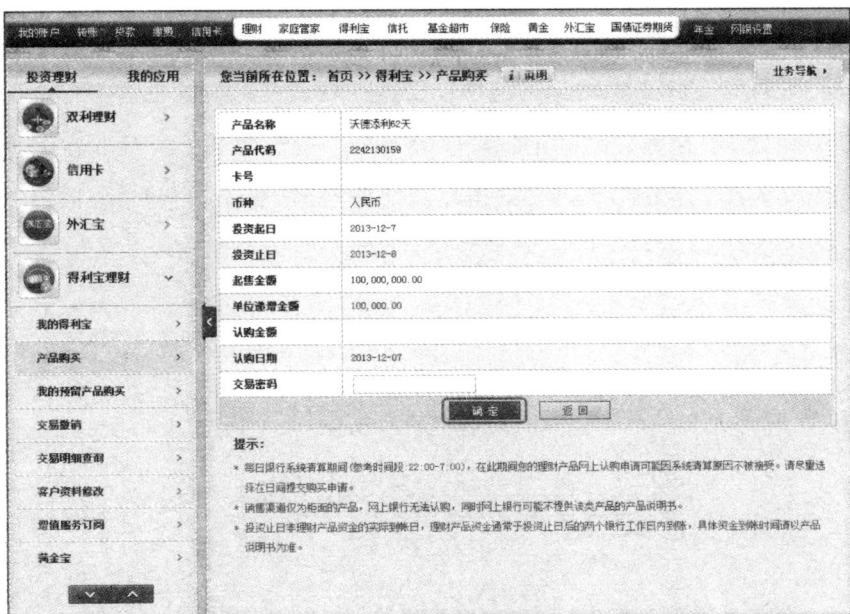

> 图 5-7　确认认购信息

（8）交易确认，购买申请受理，如图 5-8 所示。

> 图 5-8　受理申请

在购买银行理财产品的时候，要仔细阅读产品说明书。产品说明书中包含：收益率、时间期限、风险等级、投资渠道、买卖双方的权利和义务及其他重要内容。这也是我们购买理财产品的留存依据。

第 6 章

股指数据里的
理财策略

一、股市与股票指数

自从有了股市，股民随之产生。一夜暴富的人比比皆是，一夜间变成乞丐的也大有人在。因为股票属于高风险的投资，涨跌之间就可能是几万元甚至几十万元、上百万元的资金。在股市里要想获得尽可能大的收益，并将风险降到最低限度，要做的是认真分析，学会对发行股票的企业进行分析，预测股票未来变化的特点及走势，确保投资行动的安全性。而首先做的就是学会该怎么去读懂股指。

股票价格每天都起伏无常，一般的股民要随时面临价格风险。但是市场上的股票很多，想要了解所有股票的价格变化是不可能的。所以股票价格指数应运而生。股票价格指数作为市场价格变动的指标，投资者据此就可以检验自己投资效果，并用以预测股票市场的动向。同时，人们也此指标来观察预测社会政治和经济发展形势，股市的指数走势又成了国民经济好坏的晴雨表。

1. 国内股票指数

编制股票指数，通常以某年某月为基础，以这个基期的股票价格作为 100，用以后各时期的股票价格和基期价格比较，计算出的升降百分比，就是该时期的股票指数。投资者根据指数的升降，可以判断出股票价格的变动趋势。并且为了能实时的向投资者反映股市的动向，所有的股市几乎都是在股价变化的同时即时公布股票价格指数。国内股票指数包括：上证指数、深证指数、创业板指数。

（1）上证指数

上证指数是指上海证券综合指数，是上海证券交易所编制的，以上海证券交易所挂牌上市的全部股票为计算范围，以发行量为权数的加权综合股价指数。上证指数反映了上海证券交易市场的总体走势。上证指数以 1990 年 12 月 19 日为基准日。基日指数定为 100 点，自 1991 年 7 月 15 日开始发布。该指数反映上海证券交易所上市的全部 A 股和 B 股票的股价走势。

广义的上证指数是指包括样本指数、综合指数、分类指数及其他看数 4 大类共 16 种的股票指数。

（2）深证指数

深证指数的前身为深证综合指数，即"深圳证券交易所股票价格综合指数"，于 1991 年 4 月 4 日开始编制公布，后被深圳成分指数取代。

深证综合指数类的指数股是深圳证券交易所上市的全部股票。全部股票用于计算深证综合指数，其中的 A 深证指数股用于计算深证 A 股指数；B 股于计算深证 B 股指数。深证指数因为编制采用的是先进的加权指数法，且抽样广泛、代表性强，不仅具有长期可比性，而且能正确反映股价运动的总趋向。

深圳成分股指数类的指数股（成分股）是从上市公司中挑选出来的成分股，并以流通股为权数计算得出的加权股份指数，综合反映深证所上市 A 股、B 股的股价走势。2006 年 9 月 18 日起，深证成分指数变更为仅包含 40 只 A 股样本的价格指数，不再包含 B 股成分股。成分 B 股指数变更为包含深圳市场 10 只 B 股的 B 股总收益指数。

（3）创业板指数

深圳证券交易所于 2010 年 6 月 1 日起正式编制和发布创业板指

数。该指数的编制参照深证成分指数和深证 100 指数的编制方法及国际惯例（包括全收益指数和纯价格指数）。更全面地反映创业板市场情况，向投资者提供更多的可交易的指数产品和金融衍生工具的标的物，推进指数基金产品及丰富证券市场产品品种，至此，创业板指数、深证成指、中小板指数共同构成反映深交所上市股票运行情况的核心指数。

2. 国际股票指数

（1）道琼斯指数

道琼斯指数是世界上历史最为悠久的股票指数，它的全称为股票价格平均指数。

道琼斯工业平均指数目前由《华尔街日报》编辑部维护，其成分股的选择标准包括成分股公司持续发展，规模较大、声誉卓著，具有行业代表性，且为大多数投资者所追捧。

目前,道琼斯工业平均指数中的 30 种成分股是美国蓝筹股的代表。这个神秘的指数的细微变化，都会带给亿万人惊恐和狂喜，它已经不是一个普通的财务指标，而是世界金融文化的代号。

这一股票价格平均指数自编制以来从未间断，可以用来比较不同时期的股票行情和经济发展情况，成为反映美国股市行情变化最敏感的股票价格平均指数之一，是观察市场动态和从事股票投资的主要参考。

（2）国际股指纳斯达克综合指数

纳斯达克（Nasdaq）是美国全国证券交易商协会于 1968 年着手创建的自动报价系统（Nationl Association of Securities Dealers Automated Quotations）名称的英文简称。纳斯达克的特点是收集和发布场外交易非上市股票的证券商报价。它现已成为全球最大的证

券交易市场。目前的上市公司有 5 200 多家。纳斯达克又是全世界第
一个采用电子交易的股市，它在 55 个国家和地区设有 26 万多令计算
机销售终端。

纳斯达克综合指数是反映纳斯达克证券市场行情变化的股票价格
平均指数，基本指数为 100。纳斯达克的上市公司涵盖所有新技术行业，
包括软件、计算机、电信、生物技术、零售和批发贸易等。主要由美
国的数百家发展最快的先进技术、电信和生物公司组成。因而成为美
国"新经济"的代名词。

（3）国际股指标普 500

标普 500（S&P 500 Index）是指标准普尔 500 指数，是美国最
大的证券研究机构即标准普尔公司编制的股票价格指数，记录美国
500 家上市公司的股票价格。

标普 500 指数覆盖的所有公司，都是在美国主要交易所，如纽约
证券交易所、纳斯达克交易所的上市公司。

标普 500 指数是由标准普尔公司 1957 年开始编制的。最初的成
分股由 425 种工业股票、15 种铁路股票和 60 种公用事业股票组成。
从 1976 年 7 月 1 日开始，其成分股改由 400 种工业股票、20 种运输
业股票、40 种公用事业股票和 40 种金融业股票组成。几十年来，虽
然有股票更迭，但始终保持为 500 种。

与道琼斯工业平均股票指数相比，标准普尔 500 指数具有采样面
广、代表性强、精确度高、连续性好等特点，被普遍认为是一种理想
的股票指数期货合约的标的。

（4）国际股指日经指数

日经指数，原称为"日本经济新闻社道琼斯股票平均价格指数"。
由日本经济新闻社编制公布的反映日本东京证券交易所股票价格变动
的股票价格平均指数，该指数从 1950 年 9 月开始编制。

由于日经 225 种平均股价从 1950 年一直延续下来，因而其连续

性及比性较好，成为考察和分析日本股票市场长期演变及动态的最常用和最可靠的指标。

日经指数的采样股票覆盖面极广。而各行业中又是选择最有代表性公司发行的股票作为样本股票。同时不仅样本股票的代表公司和组成成分随着情况的变化而变化，而且样本股票的总量也在不断增加，目前已从 225 种扩增为 500 种。因此，该指数被看作日本最有影响和代表性的股价指数，通过它可以了解日本的股市行情变化和经济景气变动状况。

（5）香港恒生指数

恒生指数，由香港恒生银行全资附属的恒生指数服务有限公司编制，是以香港股票市场中的 50 家上市股票为成分股样本，以其发行量为权数的加权平均股价指数，是反映香港股市价浮动趋势最有影响的一种股价指数。

该指数于 1969 年 11 月 24 日首次公开发布，基期为 1964 年 7 月 31 日，基期指数定为 100。

恒生指数的成分股具有广泛的市场代表性，其总市值占香港联合交易所市场资本额总和的 90% 左右。为了进一步反映市场中各类股票的价格走势。恒生指数于 1985 年开始公布四个分类指数，把 33 种成份股分别纳入工商业、金融、地产和公共事业四个分类指数中。

3. 股票指数与投资收益

股票指数是指数投资组合市值的正比例函数，其涨跌幅度是这一投资组合的收益率。但在股票指数的计算中，并未将股票的交易成本扣除，股民的实际收益将小于股票指数的涨跌幅度，股票指数的涨跌幅度是指投资组合的最大投资收益率。

股市上经常流传的一句格言，叫牛赚熊赔，就是说股民在牛市中

盈利、在熊市中亏损。但如果把股民作为一个投资整体来分析，牛市
中股民也未必能盈利。

（1）不管是在哪一个点位上交易，股民都需要缴纳交易税和手续费，
股票指数从 1 000 多点上扬再回到 1 000 多点，对于股民这个整体来
说，除去开销交易成本外，投资回报仍将是负值。

（2）股民为配股和新股的发行付出了额外的代价。新股的发行一
般就是按二级市场上的股价来定价的。二级市场上股价越高，新股的
发行价就会越高。较高的发行价格使投资者收回成本都相当困难，后
期的增值就更难了。

（3）大牛市中股民也不一定就盈利。如果一只股票的股价偏离了
它的投资价值，股民的盈利是虚拟的。大部分股民的盈利都是建立在
他人亏损的基础上的。一般都是后买的回报了先买的，新股民回报了
老股民。

二、股票理财操作注意事项

曾经有这样的一个故事。一个学生问一位正在讲授股票价格分析
方法的教授："老师，请您告诉我，购买哪只股票能够赚到钱呢？"教
授笑着回答说："如果我能准确知道哪只股票赚钱，哪只股票赔钱，我
早就到华尔街去了。"

这个故事告诉我们，世界上没有哪个预言可以预测得十分准确。
但是，对于股票投资者来讲，买进和卖出一定品种、一定数量的股票
又是必须做的抉择。因而，广大投资者在面对交易市场上令人眼花缭
乱的众多股票，到底买哪种或哪几种好呢？这涉及的问题很多，其实
股票投资的关键就在于解决买什么股票、如何买的问题。

1. 选股

股神巴菲特以 100 美元起家，通过投资而成为拥有数百亿美元财富的世界级大富豪。纵观巴菲特 40 多年的股坛生涯，其选股共有 22 只，投资 61 亿美元，盈利 318 亿美元，平均每只股票的投资收益率高达 5.2 倍以上，创造了有史以来最为惊人的股坛神话。其实，巴菲特发迹的秘密就在于：选择好股票，然后长期拥有。

由此可以看出，从某种意义上来讲，股票投资的关键就在选择股票上，在于会挑选好企业的股票。如果我们想选择可以盈利的股票，首先要学会选择有盈利的上市公司，然后持有其股票。

巴菲特曾说过，优秀企业的标准：业务清晰易懂，业绩持续优异，由能力非凡且为股东着想的管理层来经营的大公司。凡是遵循以上所说的标准去选股，就一定能够找到好的股票。

（1）企业管理者的素质

企业的竞争其实就是人才的竞争，企业的发展，管理水平十分重要，特别是在企业迅速发展的时期，企业规模的急剧扩张，需要有高素质的管理者和良好的管理制度来掌好企业发展的舵。

管理者素质不够，企业管理水平跟不上企业发展的需要时，企业经营很容易偏离发展的轨道而陷入泥潭。同样条件下，同样的企业，有一个优秀的管理团队的企业可以使企业发展更快，利润增长更多。优秀的管理者和管理团队不仅让企业眼前发展迅速，也会创造企业文化，提高企业的竞争力，并且从战略高度为企业未来发展指引方向。

买股票就是买上市公司的未来。一个优秀的管理团队势必带出一个高成长性的上市公司。投资者可以从网络、报纸和一些财经周刊上了解上市公司的管理者的情况，定期参加一些企业的访谈节目，或者从电视等媒体收看企业老总访谈。从对他们的访谈中了解这个企业的经营、领导者的素质。有可能的话最好实地考察这个企业的人事制度、决策机构。

（2）企业产品周期和新产品情况

了解一个企业的产品的销售情况、研发支出和投入的比例，与同行业的销售比较，新产品的开发程度和核心竞争力，日后产品的价格，这个产品的市场垄断程度，以及行业的生存前景。

（3）企业的财务报表分析

企业的财务报表是我们得到上市公司信息的主要来源，其中的利润表、资产负债表是投资者决策的重要依据。我们看企业财务表，其实只需了解几个关键的分析数据即可。

上市公司的财务报表是公司的财务状况、经营业绩和发展趋势的综合反映，是投资者了解公司、决定投资行为的最全面、最可靠的第一手资料。

（4）选股技巧

第一，选择自己熟悉的股票。对于这类股票，你比较容易了解情况，能适时地得到这些公司的各种消息。如果公司有利好题材可以快人一步抢进，利空来临则抢先出逃。

第二，了解上市公司的行业。对上市公司所处行业的特性进行分析，再结合自己的投资策略选择股票。

第三，关注上市公司在行业中的地位。如果是行业"老大"，其经营规模比较庞大，拥有雄厚的资本、一流的技术和庞大的竞争力，抵御风险的能力也很强，困难容易摆脱，业绩不受大影响，而经济回暖后又会有大发展。

第四，选择那些不著名，但成长性好的上市公司。这些公司假以时日经营规模上来了，其发展可能会一日千里，是潜在的大黑马。

第五，选择题材股。这类股票由于有炒作题材，必然会引起主力大户的注意，反复炒作。适时介入这类股票，待题材明朗时抛出，会有较为丰厚的获利。

第六，选择小盘股。一般来说小盘股筹码较少，机构庄家容易吸筹，一旦介入往往急速飙升，经常成为股市中的黑马。

第七，选择逆市上行的个股。这类股往往是强势股，股价大涨小回往往逆市上行，说明庄家资金雄厚，操盘手法娴熟，且这类个股多数都有一定的题材，庄家才敢于逆市坐庄。

第八，选择突破阻力线的股票。突破阻力线的股票，表明卖压减轻，应果断跟进，后市会有一段可观的升幅。

第九，选择换手率高的股票。换手率高的股票，由于筹码得到了充分消化，每个人的成本较高，卖压越来越轻，未来走势肯定有出众的表现，而且换手率高的股票，说明投资大众对其热烈追捧，庄家呵护有加，后市会飙升。

第十，选择大手成交的股票。成交量是投资大众购买股票欲望强弱的直接表现，人气的聚散数量化就是成交量。成交量是股市的元气，股价只不过是它的表征而已。所以，成交量通常比股价先行。如果某个个股成交量放大，而且抛出的筹码被大手承接，显然有主力介入，股价稍有回调即有人跟进，这类个股无疑就是明天的黑马。

2. 股票最佳买入时机

股市是高风险高收益的投资场所，可以说股市中风险无处不在，无时不有，而且也没有任何方法可以使这种风险完全避免。当然，作为投资者买股票主要是买未来，希望买到的股票未来会涨。

炒股有几个重要因素——量、价、时，时即为介入的时间，这是最为重要的。介入时间选得好，就算股票选得差一些，也会有赚，相反介入时机不好，即便选对了股也不会涨，而且还会被套牢。所谓好的开始即成功了一半，选择"买卖"点非常重要，在好的买进点介入，不仅不会套牢，而且可坐享被抬轿之乐。

那么，投资者该如何把握股票的买入点呢？具体来说，可以根据以下几个方面来确定股票的最佳买入点：

（1）根据消息面判断短线买入时机

当大市处于上升趋势初期出现利好消息，应及早介入；当大市处于上升趋势中期出现利好消息，应逢低买入；当大市处于上升趋势末期出现利好消息，就逢高出货；当大市处于跌势中期出现利好消息，短线可少量介入抢反弹。

（2）根据基本面判断买入时机

股市是国民经济的"晴雨表"。在国民经济持续增长的大好环境作用下，股市长期向好，大盘有决定性的反转行情，坚决择股介入。长期投资一只个股，要看它的基本面情况，根据基本面，业绩属于持续稳定增长的态势，那完全可以大胆介入；如果个股有突发实质性的重大利好，也可择机介入，等待别人来抬轿。

（3）根据行业政策判断买入时机

根据国家对某行业的政策，以及行业特点、行业公司等情况，买入看好的上市公司。比如国家重点扶持的农业领域，在政策的影响下，农业类的具有代表性的上市公司就是买入的群体。

（4）根据趋势线判断短线买入时机

中期上升趋势中，股价回调不破上升趋势线又止跌回升时是买入时机；股价向上突破下降趋势线后回调至该趋势线上是买入时机；股价向上突破上升通道的上轨线是买入时机；股价向上突破水平趋势线时是买入时机。

（5）根据成交量判断短线买入时机

第一，股价上升且成交量稳步放大时。底部量增，价格稳步盘升，主力吸足筹码后，配合大势稍加拉抬，投资者即会加入追涨行列，放量突破后即是一段飙涨期，所以第一批巨量长红宜大胆买进，可有收获。

第二，缩量整理时。久跌后价稳量缩。在空头市场，媒体上都非常看坏后市，但一旦价格企稳，量也缩小时，可买入。

（6）根据 K 线形态确定买入时机

第一，底部明显突破时为买入时机。比如 W 底、头肩底等，在股价突破颈线点，为买点；在相对高位的时候，无论什么形态，也要小心为妙；另外，当确定为弧形底，形成 10% 的突破，为大胆买入时机。

第二，低价区小十字星连续出现时。底部连续出现小十字星，表示股价已经止跌企稳，有主力介入痕迹，若有较长的下影线更好，说明多头位居有利地位，是买入的较好时机。重要的是，价格波动要趋于收敛，形态必须面临向上突破。

（7）根据移动平均线判断买入时机

第一，上升趋势中股价回档不破 10 日均线是短线买入时机。上升趋势中，股价回档至 10 日均线附近时成交量应明显萎缩，而再度上涨时成交量应放大，这样后市上涨的空间才会更大。

第二，股价有效突破 60 日平均线时是中线买入时机。当股价突破 60 日均线前，该股下跌的幅度越大、时间越长越好，一旦突破之后其反转的可能性也将越大。

（8）根据周线与日线的共振、二次金叉等几个现象寻找买点

第一，周线与日线共振。周线反映的是股价的中期趋势，而日线反映的是股价的日常波动，若周线指标与日线指标同时发出买入信号，信号的可靠性便会大增。

第二，周线二次金叉。当股价经历了一段下跌后反弹起来突破 30 周线位时，我们称为"周线一次金叉"。不过，此时往往只是庄家在建仓而已，投资者应保持观望。当股价再次突破 30 周线时，我们称为"周线二次金叉"，这意味着庄家洗盘结束，即将进入拉升期，后市将有较大的升幅。此时可密切注意该股的动向，一旦其日线系统发出买入信号，即可大胆跟进。

3. 股票最佳卖出时机

一个真正成功的股民在懂得买股票的基础上，也要懂得在最适当的时机卖出股票。一般，投资者的目的如果是既定的利润率，在市场给予的利润率达到一定的程度，而这个利润率在短期内进一步上升的可能性较小时，就是投资者卖出股票的时机。"只有傻瓜才会等着股价到达最高位"，一定要学会见好就收。

在股市上，专业散户的标准有很多：会看、会瞄、会买、会跟、会思、会卖、会逃、会分析、会判断……总而言之，会赚钱。但最基础的一点就是要会卖掉自己手中的股票。

由此，对投资者来说，该如何找到卖出股票的关键时机呢？

（1）大盘行情形成大头部时，坚决清仓全部卖出

上证指数或深综合指数大幅上扬后，形成中期大头部时，是卖出股票的关键时刻。不少市场评论认为抛开指数炒个股，这种提法不科学。只关注个股走势是只见树木不见森林。

根据历史统计资料显示：大盘形成大头部下跌，竟有 90%～95% 以上的个股形成大头部下跌。大盘形成大底部时 80%～90% 以上的个股形成大底部。大盘与个股的联动性相当强。因此，大盘一旦形成大头部区，是果断分批卖出股票的关键时刻。

（2）大幅上升后，成交量大幅放大，是卖出股票的时候，当股价大幅上扬之后，持股者普遍获利，一旦某天该股大幅上扬过程中出现卖单很大、很多，特别是主动性抛盘很大，反映主力、大户纷纷抛售，这是卖出的强烈信号。

成交量创下近数个月甚至数年的最大值，是主力卖出的有力信号，是持股者卖出的关键，没有主力拉抬的股票难以上扬，仅靠广大中小散户很难推高股价，上扬末期成交量创下天量，90% 以上形成大头部区。

（3）股价大幅上扬后,除权日前后是卖股票的关键时机,上市公司年终或中期实施送配方案,股价大幅上扬后,股权登记日前后或除权日前后,往往形成冲高出货的行情。一旦出现大量的抛盘涌出,应果断卖出,反映主力出货,不宜久持该股。

（4）上升较大空间后,日 K 线出现十字星或长上影线的倒锤形阳线或阴线时,是卖出股票的时候。

一段上升行情后,日 K 线出现十字星,反映买方与卖方力量相当,局面将由买方市场转为卖方市场,市场将发生转折。股价大幅上升后,出现带长上影线的倒锤形阴线,反映当日抛售者多,若当日成交量很大,更是见顶信号。许多个股形成高位十字星或倒锤形长上影阴线时,80% ～ 90% 的机会形成大头部,应果断卖出股票。

4. 控制股市风险

我们经常听到专业人士说这样一句话:"股市有风险,入市需谨慎"。炒股其实是一把双刃剑,既可能给你带来巨大的收益,同时也可能给你带来巨大损失。

股市中的风险是指在竞争中由于影响股票市场价格的未来经济活动的不确定性,或各种事先无法预料的因素的影响,造成股价随机性的波动,使炒股者的实际收益和预期收益发生背离,从而使炒股者有蒙受损失甚至破产的可能。

可见,作为投资者股民必须要对股票的投资有一定的风险控制策略,只有这样才可能避免股市的残酷和无情,任何一个准备或已经在股市中的炒股者,在实施炒股活动前,都应认清风险、正视风险,从而树立风险意识。对于个体投资者而言,成功的风险控制主要分为以下几点:

（1）掌握必要的证券专业知识

炒股不是一门科学，而是一门艺术。艺术同样需要扎实的专业知识和基本技能。学习一些基本的证券知识和股票交易策略，才有可能成长为一名稳健而成功的股票投资人。

（2）认清投资环境，把握投资时机

在股市中常听到这样一句格言："选择买卖时机比选择股票更重要。"所以，在投资股市之前，应该首先认清投资的环境，避免逆势买卖。否则，在没有做空机制的前提下，你选择熊市的时候大举进攻，而在牛市的时候却鸣金收兵，休养生息，不能不说是一种遗憾。

（3）确定合适的投资方式

股票投资采用何种方式因人而异。一般而言，不以赚取差价为主要目的，而是想获得公司股利的多采用长线交易方式。平日有工作，没有太多时间关注股票市场，但有相当的积蓄及投资经验，多适合采用中线交易方式。空闲时间较多，有丰富的股票交易经验，反应灵活，采用长中短线交易均可。如果喜欢刺激，经验丰富，时间充裕，反应快，则可以进行日内交易。

（4）制定周详的资金管理方案

"巧妇难为无米之炊。"股票交易中的资金，就如同我们赖以生存、解决温饱的大米一样。"大米"有限，不可以任意浪费和挥霍。

在弱肉强食的股市中，必须首先制定周详的资金管理方案，对自己的资金进行最妥善的安排，并切实实施，才能确保资金的风险最小。只有保证了资金风险最小，才能使投资者进退自如，轻松面对股市的涨跌变化。

（5）正确选择股票

选择适当的股票也为投资者应考虑的重要工作。股票选择正确，则可能会在短期内获得盈利；而如果选择错误，则可能天天看着其他股票节节攀升，而自己的股票却如老牛拖车，甚至狂跌不止。

（6）要控制资金投入比例

在行情初期，不宜重仓操作。在涨势初期，最适合的资金投入比例为 30%。这种资金投入比例适合于空仓或者浅套的投资者采用，对于重仓套牢的投资者而言，应该放弃短线机会，将有限的剩余资金用于长远规划。

（7）要懂得适可而止

股市风险不仅存在于熊市中，而且在牛市行情中也一样有风险。在股市脱离其内在价值时，股民应执行投资纪律，坚决离开。

三、股票理财实战操作

炒股的第一个步骤就是要开立一个股票账户，不同的股民开立股票账户所需要的资料也不同。

当开户者为个人时，需要持有个人身份证到交易所登记或交易所的会员单位办理开户手续。当开户者为相关法人，则需要相关的法人登记证明，营业执照复印件法定代表人证明、法人身份证、单位介绍信、单位委托的交易人身份证、书面委托书等。下面对 A 股的开户基本流程做简单的介绍。

1. 开立股票账户

股票开户流程和其他理财工具大同小异，需要在证券公司与银行之间建立第三方存管。具体步骤如下：

（1）本人携带身份证到就近的证券营业厅开户，办理股东卡、并牢记账户号码、密码。

（2）到证券公司指定的银行开户银行账号，并且签订第三方委托协议，并将资金存在银行开户的账户中。

（3）将资金从银行账户转入股票账户。

（4）在证券公司的网站下载交易软件，使用交易账号登录，进入软件。

（5）进入交易软件，查看指数、个股走势。单击"股票交易"或"委托交易"进行买卖。

现在很多证券公司都可以进行网上开户，并且有佣金方面的优惠。这样投资者在家就可完成整个开户流程。只需下载软件进行交易即可。

2. 股票交易术语

股票投资是一门高深的学问，要想充分的认识它，就需要对它特有的术语非常熟悉，我们看一些常用的术语。

政策面：是指国家针对证券市场的具体政策，例如股市扩容政策、交易规则、交易成本规定等。

市场面：是指市场供求状况、市场品种结构及投资者结构等因素。市场面的情况也与上市公司的经营业绩好坏有关。

技术面：是指反映股份变化的技术指标、走势形态及 K 线组合等。

开盘价：是指每天成交中最先的一笔成交的价格。

收盘价：是指每天成交中最后的一笔股票的价格，也就是收盘价格。

成交数量：是指当天成交的股票数量。

最高价：是指当天股票成交的各种不同价格是最高的成交价格。

最低价：是指当天成交的不同价格中最低成交价格。

高开：是指开盘价比前一天收盘价高出许多。

低开：是指开盘价比前一天收盘价低出许多。

盘档：是指投资者不积极买卖，多采取观望态度，使当天股价的变动幅度很小，这种情况称为盘档。

整理：是指股价经过一段急剧上涨或下跌后，开始小幅度波动，进入稳定变动阶段，这种现象称为整理，整理是下一次大变动的准备阶段。

跳空：是指受强烈利多或利空消息刺激，股价开始大幅度跳动。跳空通常在股价大变动的开始或结束前出现。

回档：是指股价上升过程中，因上涨过速而暂时回跌的现象。

反弹：是指在下跌的行情中，股价有时由于下跌速度太快，受到买方支撑面暂时回升的现象。反弹幅度较下跌幅度小，反弹后恢复下跌趋势。

成交笔数：是指当天各种股票交易的次数。

成交额：是指当天每种股票成交的价格总额。

多头：对股票后市看好，先行买进股票，等股价涨至某个价位，卖出股票赚取差价的人。

空头：是指变为股价已上涨到了最高点，很快便会下跌，或当股票已开始下跌时，变为还会继续下跌，趁高价时卖出的投资者。

涨跌：以每天的收盘价与前一天的收盘价相比较，来决定股票价格是涨还是跌。一般在交易台上方的公告牌上用"＋""－"号表示。

价位：是指喊价的升降单位。价位的高低随股票的每股市价的不同而异。

配股：公司发行新股时，按股东所有人参份数，以特价（低于市价）分配给股东认购。

报价：股票交易中卖方愿出售股票的最低价格。

行情牌：一些大银行和经纪公司，证券交易所设置的大型电子屏幕，可随时向客户提供股票行情。

盈亏临界点：交易所股票交易量的基数点，超过这一点就会实现盈利，反之则亏损。

票面价值：是指公司最初所定股票票面值。

法定资本：例如一家公司的法定资本是 2 000 万元，但开业时只需 1 000 万元便足够，持股人缴足 1 000 万元便是缴足资本。

蓝筹股：是指资本雄厚，信誉优良的挂牌公司发行的股票。

信托股：是指公积金局批准公积金持有人可投资的股票。

佣金：经纪人执行客户的指令所收取的报酬，通常以成交金额的百分比计算。

多头市场：也称牛市，就是股票价格普遍上涨的市场。

空头市场：股价呈长期下降趋势的市场，空头市场中，股价的变动情况是大跌小涨。亦称熊市。

股本：所有代表企业所有权的股票，包括普通股和优先股。

多翻空：原本看好行情的多头，看法改变，不但卖出手中的股票，还借股票卖出，这种行为称为翻空或多翻空。

空翻多：原本作空头者，改变看法，不但把卖出的股票买回，还买进更多的股票，这种行为称为空翻多。

买空：预计股价将上涨，因而买入股票，在实际交割前，再将买入的股票卖掉，实际交割时收取差价或补足差价的一种投机行为。

卖空：预计股价将下跌，因而卖出股票，在发生实际交割前，将卖出股票如数补进，交割时，只结清差价的投机行为。

利空：促使股价下跌，对空头有利的因素和消息。

利多：是指刺激股价上涨，对多头有利的因素和消息。

多杀多：是指普遍认为当天股价将上涨，于是市场上抢多头帽子的特别多，然而股价却没有大幅度上涨，等交易快结束时，竞相卖出，造成收盘价大幅度下跌的情况。

轧空：是指普遍认为当天股价将下跌，于是都抢空头帽子，然而股价并未大幅度下跌，无法低价买进，收盘前只好竞相补进，反而使收盘价大幅度升高的情况。

套牢：是指预期股价上涨，不料买进后，股价一路下跌；或是预期股价下跌，卖出股票后，股价却一路上涨，前者称多头套牢，后者是空头套牢。

大户：就是大额投资人，例如财团、信托公司及其他拥有庞大资金的集团或个人。

散户：就是买卖股票数量很少的小额投资者。

作手：在股市中炒作哄抬，用不正当方法把股票炒高后卖掉，然后再设法压低行情，低价补回；或趁低价买进，炒作哄抬后，高价卖出。这种人被称为作手。

吃货：作手在低价时暗中买进股票，称为吃货。

出货：作手在高价时，不动声色地卖出股票，称为出货。

坐轿子：目光锐利或事先得到信息的投资人，在大户暗中买进或卖出时，或在利多或利空消息公布前，先期买进或卖出股票，待散户大量跟进或跟出，造成股价大幅度上涨或下跌时，再卖出或买回，坐享厚利，这就叫"坐轿子"。

抬轿子：利多或利空消息公布后，认为股价将大幅度变动，跟着抢进抢出，获利有限，甚至常被套牢的人，就是给别人抬轿子。

热门股：是指交易量大、流通性强、价格变动幅度大的股票。

冷门股：是指交易量小，流通性差甚至没有交易，价格变动小的股票。

成长股：是指新添的有前途的产业中，利润增长率较高的企业股票。成长股的股价呈不断上涨趋势。

可转换股票：持有者可用来转换同一公司的普通股，优先股或其他债券。这类证券发行时就有明确规定。

自营商：在股票买卖中，是自己买卖股票而不是代理他人买卖的公司或个人。证券交易所以自营商家身份出现时，必须向对方客户讲明。

交易厅：交易所中进行证券买卖的场所。

3. 财经信息查询

互联网上有很多与股票相关的网站，这些网站集财经信息、个股查询、股票论坛等服务于一身。是投资者获取股票投资信息的好去处。投资者可获取消息面的支撑。

下面以和讯财经为例，从中获取财经信息。

（1）进入和讯网首页，首页上有非常多的财经板块和新闻链接，投资者可单击进入，如图 6-1 所示。

> 图 6-1 和讯网首页

（2）在打开的页面即可看到具体的新闻，或进入具体板块，如图 6-2 所示。

（3）在首页，投资者单击股市直播室，可直接查看当天指数走势。也可查询海外股市走势，如图 6-3 所示。

和讯 股票
全方位'证券服务
股票板块
平安银行
股票首页 港股 美股 新股 上市公司 新三板 券商
24小时播报 - 炒股大赛 - 报盘 - 解盘 - 板块 - 个股 - 主力 - 公告 - 必读 - 财报 - 沪港通 - 资金流向
行情中心 股票开户 投资顾问 培训学院 炒股大赛 策略海
目标涨幅最大股：迅游科技 10.00% 问股 中国石化 4.19% 问股 双汇发展 1.10%
七因素影响反弹成色 曝主力进攻路线
和讯带你去调研 明日三大猜想 两类股可大胆加仓 胡任标公开课
沪指涨近3%收复3000 高送转涨近6% 机构:勿犹豫 权重股稳定市场
世界上最大财主来了 外管局为何买A股
银行年报惊天线索 外管局旗下公司积极买入 保证金净流入2周
实盘高手持仓2股收益连涨 战报 报名
做任务领跟投金 跟投选手获收益 牛人互动 大交易师APP QQ群
股民福利 点击领取 投资需谨慎
广告
视频直播
财富课堂视频直播
收盘：多重利好刺激资金涌入 沪指涨近3%收复3000
字号 大 小
2016-03-30 15:02:01 来源：和讯股票
具体新闻页面
评论 邮件 纠错
和讯股票讯 受耶伦鸽派言论、美股大涨及外汇局抄底A股等利好消息影响，沪深两强势上涨，午后再度拉升，截止下午收盘时间，沪指报3000点，上涨80.47点，涨幅为2.76%；深成指报10445点，上涨350.98点，涨幅为3.48%；创业板报2248点，上涨96.24点，涨幅为4.47%。
盘面呈现普涨格局，钛白粉、高送转、氟化工、西藏、油改、计算机、软件等板块涨幅居前。
上证指数 3000.65 2.77%
巨丰投顾认为大盘阶段性调整已经到位，目前市场持续缩量调整，昨日大幅杀跌，却未能击穿20日均线及2900点支撑；此外，近期大盘持续回调，但沪股通资金始终保持净流入，这也说明3000点机会大于风险。建议投资者逐步放大仓位，布局滞涨蓝筹和业绩超预期的成长股。

> 图 6-2 资讯新闻

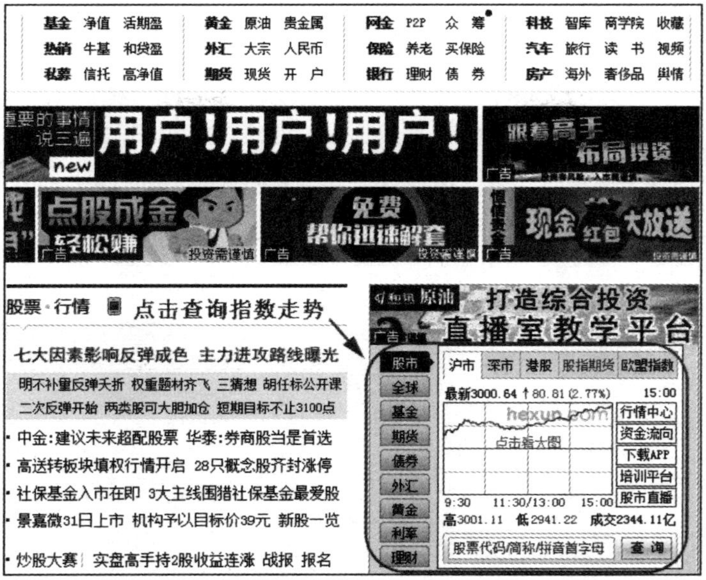

> 图 6-3　股市直播室

（4）在查询栏中输入代码或个股简称，可查询个股走势，如图 6-4 所示。

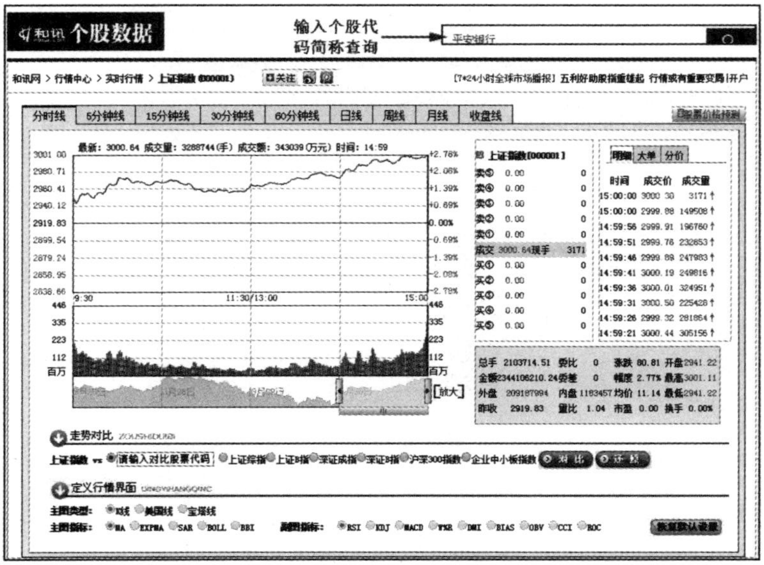

> 图 6-4　查询个股走势

（5）在个股走势分析中，我们能看到多项资料，投资者可单击进入，查看详情，分析个股走势，如图 6-5 所示。

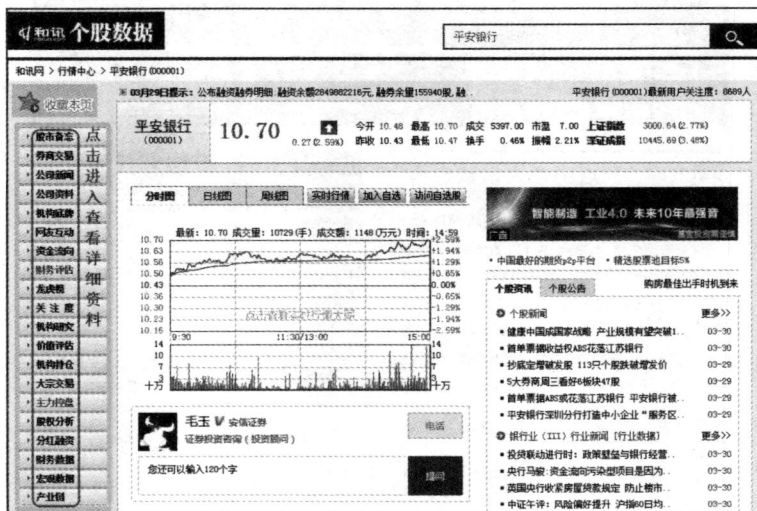

> 图 6-5　分析个股走势

（6）详情查看、分析，如图 6-6 所示。

> 图 6-6　查看详情

工商信息		联系方式	
注册资本	1,430,867.61万元	联系电话(董秘)	0755-82080387
注册地址	广东省深圳市罗湖区深南东路5047号	公司传真	0755-82080386
所得税率	10.00%	电子邮箱	pabdzb@pingan.com.cn
办公地址	广东省深圳市罗湖区深南东路5047号	公司网址	www.bank.pingan.com
主要产品(业务)	—	联系人	周强
		邮政编码	518001

经营范围: 吸收公众存款;发放短期、中期和长期贷款;办理国内外结算;办理票据承兑与贴现;发行金融债券;代理发行、代理兑付、承销政府债券;买卖政府债券、金融债券;从事同业拆借;买卖、代理买卖外汇;从事银行卡业务;提供信用证服务及担保;代理收付款项及代理保险业务;提供保管箱服务;结汇、售汇业务;离岸银行业务;资产托管业务;办理黄金业务;财务顾问、资信调查、咨询、见证业务;经有关监管机构批准的其他业务。

公司简介: 深圳发展银行股份有限公司前系在对中华人民共和国深圳经济特区内原6家农村信用社进行股份制改造的基础上设立的股份制商业银行。1987年5月10日以自由认购的形式首次向社会公开发行人民币普通股,于1987年12月22日正式设立。1988年4月7日,本行普通股在深圳经济特区证券公司首家挂牌公开上市。深发展股东大会以及平安银行股份有限公司于2012年2月9日开的2012年第一次临时股东大会分别审议通过了平安银行吸收合并深发展方案的议案以及深发展与平安银行签署吸收合并协议的议案。深圳发展银行股份有限公司于2012年2月9日开的2012年第一次临时股东大会审议通过了《深圳发展银行股份有限公司关于更名的议案》,同意本公司的中文名称由"深圳发展银行股份有限公司"变更为"平安银行股份有限公司"。中国银行业监督管理委员会于2012年4月24日以《中国银监会关于深圳发展银行吸收合并平安银行的批复》(银监复〔2012〕192号)批准了本次吸收合并。2012年7月27日本公司在深圳市市场监督管理局办理完毕相关变更手续,并取得新的《企业法人营业执照》。证券简称自2012年8月2日由"深发展"变更为"平安银行"。

> 图 6-6 查看详情(续)

(7)单击走势图上方的周期按钮,从不同周期分析个股走势,更准确地把握个股走势,如图 6-7 所示。

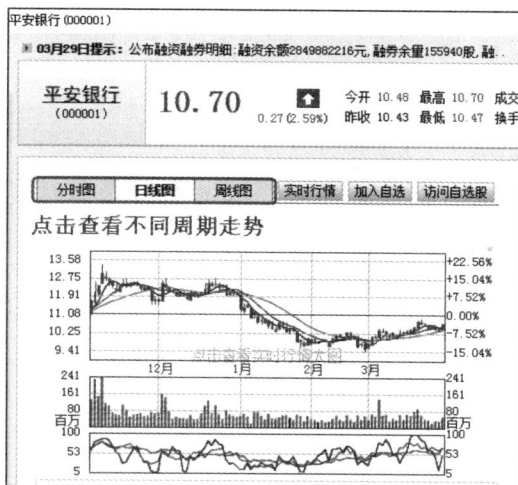

> 图 6-7 不同周期走势

(8)个股走势下方可查看个股的资金流向,不同的资金流向对个股股价的影响不同,持续的大单流入,个股股价可能出现上涨,如图 6-8 所示。

平安银行(000001)今日资金进出分析

2016-03-30 15:00	机构	散户
今日成本(元)	10.61	10.60
资金总额(万元)	45474.12	11788.62
资金进出(万元)	6112.87	1175.51
总手	428493	111206
换手(%)	7.48	1.94

>图 6-8　查看资金流向

（9）股票各方面的投资评级是专业机构对股票的测评，对投资者们的投资极具参考意义，如图 6-9 所示。

财务评估 · 全体市场 · 标准行业 · ICB行业 · 地域板块 · 个股排行 · 价值评估

最新评估　去年同期　年度

财务能力(15年年度)	评级	排名			
		标准	ICB	地域	市场
综合能力	★★★★	1	1	22	106
盈利能力	★★★★★	1	1	4	13
偿债能力	★☆	1	1	84	511
成长能力	★★★	2	2	27	202
资产经营	☆	2	2	102	686
市场表现	★★★★☆	1	1	5	32
投资收益	★★★★★	1	1	2	10

>图 6-9　参考投资评级

（10）机构持仓与变动情况是大资金对个股的后市的判断，对股价的上涨与下降具有重要影响，如图 6-10 所示。

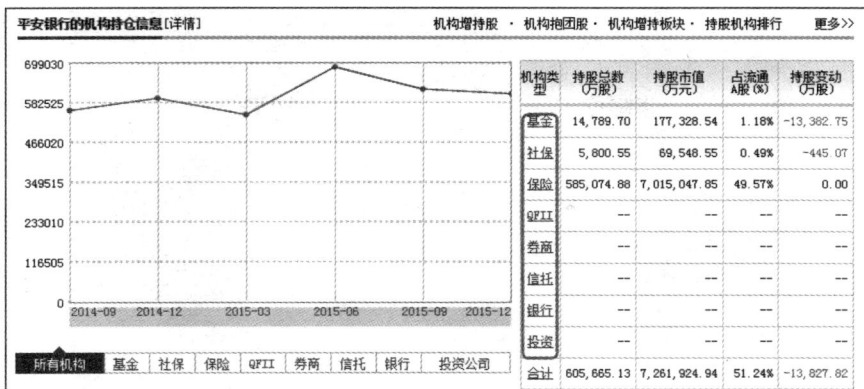

> 图 6-10　参考机构持仓

投资股票，最重要的一点就是查询股票的行情走势，通过对不同图形及不同数据的分析，判断股票的好坏，从而找出最佳的买卖时间、点位，进而获取投资收益。希望投资者们都有所收获。

四、股票交易软件使用

对股票投资者来说，时间就是金钱，一瞬间的价格波动，都可能带来巨大的损失。因此，简单地通过网站查询股票交易，已不能满足人们的需求了，这时投资者们就需要功能强大的炒股软件。

炒股软件有很多，投资者可直接在开户公司的官网下载，这里以华泰证券为例。

1. 交易软件下载

（1）打开华泰证券官网，并单击官网下方的"软件下载"按钮，进入页面，下载软件，如图 6-11 所示。

> 图 6-11　华泰证券官网

（2）在新的页面中选择适合自己的交易软件，单击下载并安装，如图 6-12 所示。

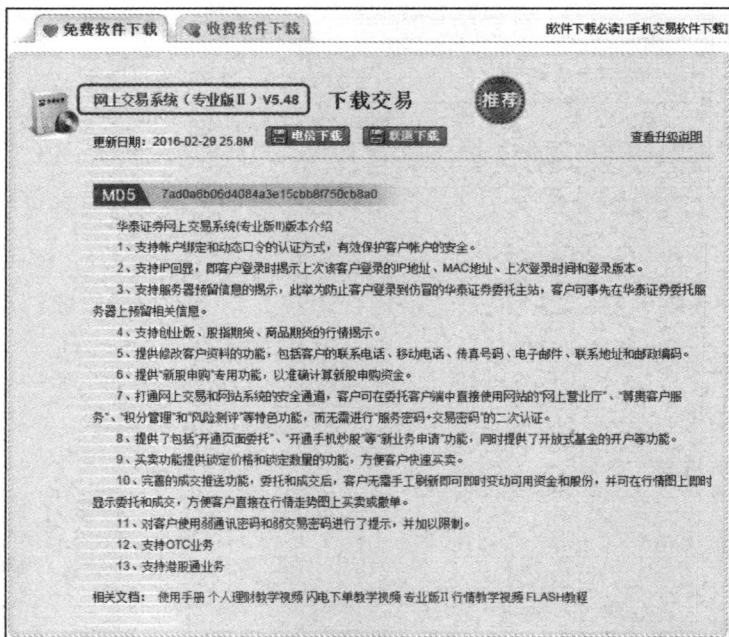

> 图 6-12　下载安装交易软件

（3）打开交易软件，单击"登录"按钮，并输入账号、密码等，如图 6-13 所示。

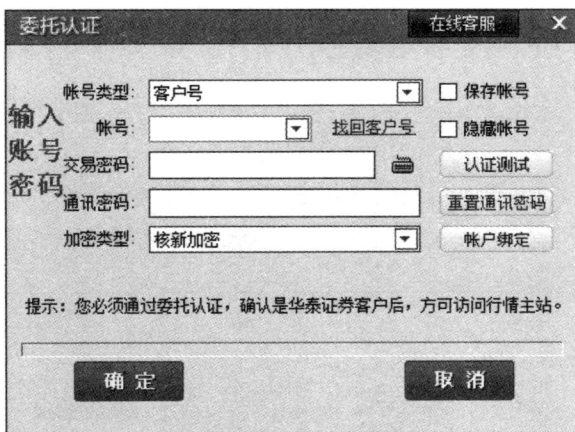

> 图 6-13　登录账号

（4）进入交易软件，如图 6-14 所示。

2. 交易软件使用

（1）登录交易软件后，单机左上角的"报价"选项卡，进入沪深股票→沪深 A 股，可查看个股走势，如图 6-15 所示。

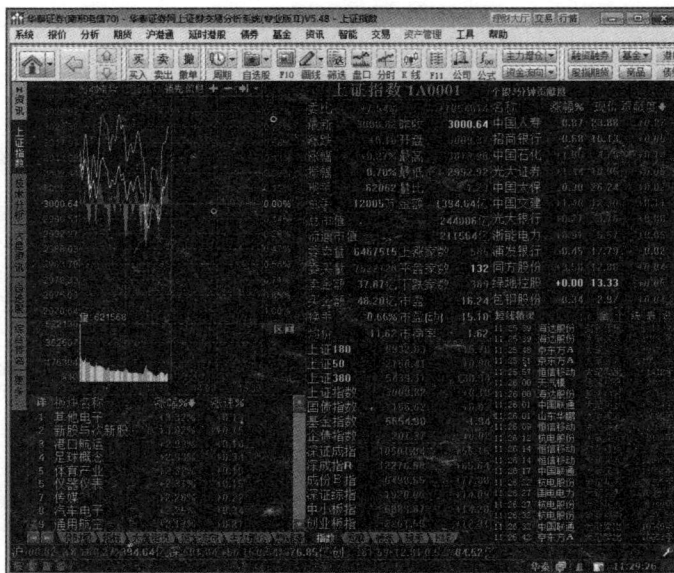

> 图 6-14　软件界面

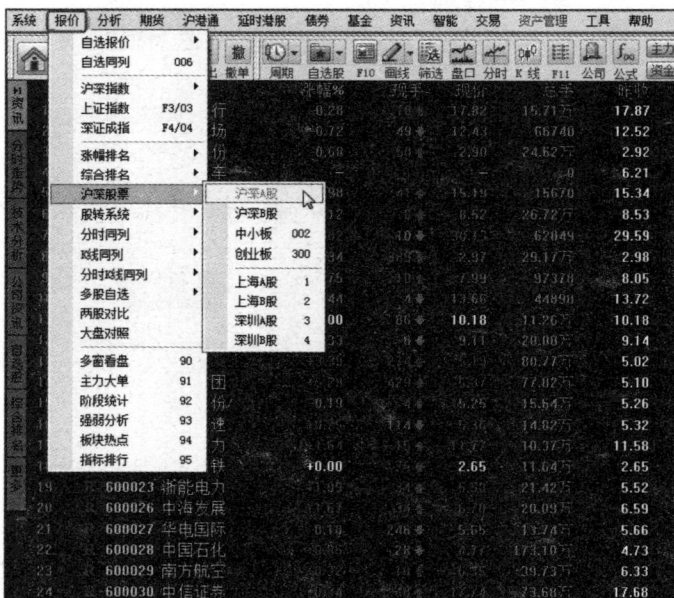

> 图 6-15　查看沪深 A 股

（2）双击个股超链接，可查询个股具体走势行情，如图 6-16 所示。

> 图 6-16 查询个股

（3）在打开的页面中。投资者可单击上方的"周期"按钮进行周期分析，也可以从左侧的"公司资讯"中分析公司基本面，如图 6-17 所示。

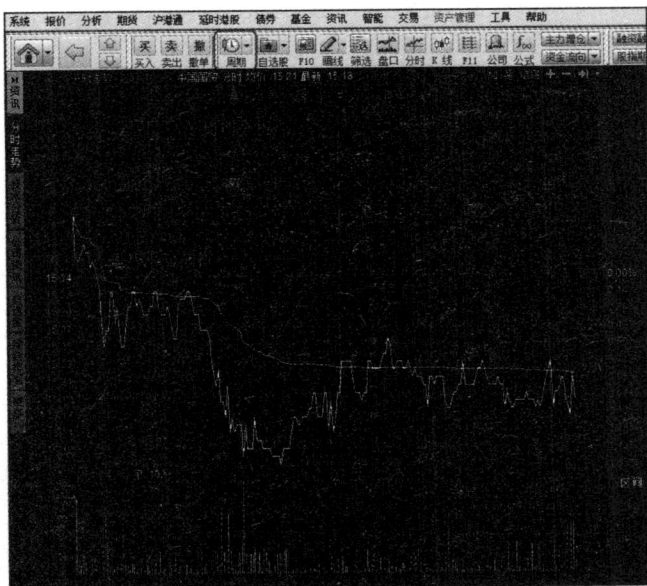

> 图 6-17 周期分析

（4）在"公司资讯"中，投资者可多角度分析个股，包括公司概况、财务分析、股东研究、主力追踪、业内点评等，如图 6-18 所示。

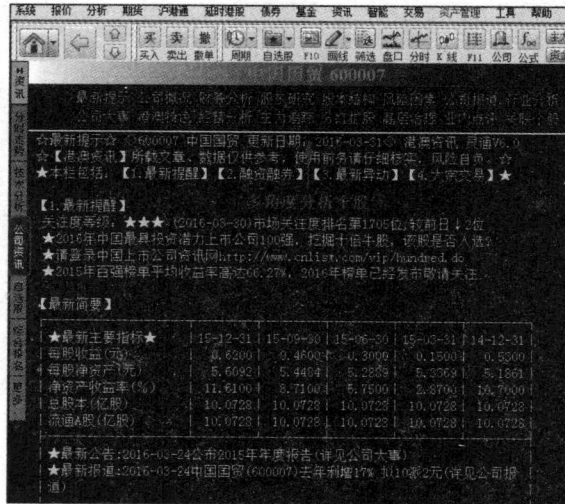

> 图 6-18　分析个股

（5）多周期分析包括日线、周线、月线、年线还有分钟线等，如图 6-19 所示。

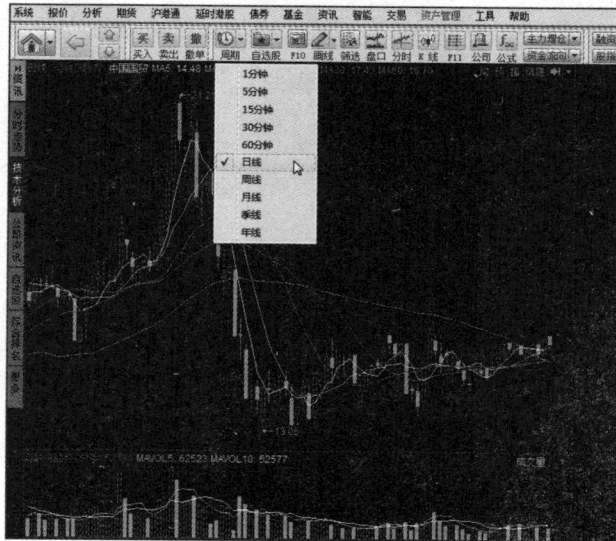

> 图 6-19　多周期分析

（6）单击上方的"画线"工具，投资者可添加辅助工具，帮助自己
分析个股，如图 6-20 所示。

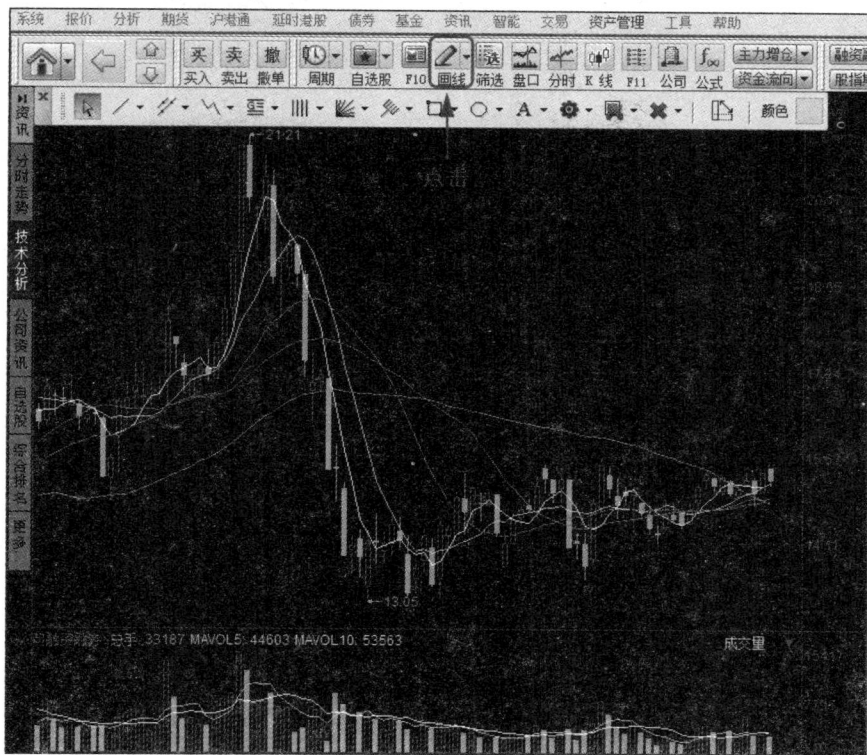

> 图 6-20 辅助工具

（7）当投资者通过自己的分析，最终做出买卖决定时。投资者可
单击"买""卖"按钮买进或卖出个股，如图 6-21 所示。

炒股需要良好的心态和成熟的技巧，要摒弃所有的主观分
析，认清所处的市场趋势，依趋势进行相关操作。当大盘出现
变动时，不要期望自己所选的个股会逆势而行。需要注意风险，
及时止损。

> 图 6-21　买卖操作

第 7 章

杠杆指标里的
理财妙招

一、政府的财源财政税收

历史上，在国家产生的同时，也就出现了保证国家实现其职能的财政。在我国古代的第一个奴隶制国家夏朝，最早出现的财政征收方式是"贡"，即臣属将物品进献给君王。当时，虽然臣属必须履行这一义务，但由于贡的数量，时间尚不确定，所以，也只能说"贡"是税的雏形。

1. 税收的含义

税收是国家（政府）公共财政最主要的收入形式和来源。税收的本质是国家为满足社会公共需要，凭借公共权力，按照法律所规定的标准和程序，参与国民收入分配，强制取得财政收入所形成的一种特殊分配关系。它体现了一定社会制度下国家与纳税人在征收、纳税的利益分配上的一种特定分配关系。

2. 税收的分类

税收分类是从一定的目的和要求出发，按照一定的标准，对各个不同税种隶属税类所做的一种划分。我国的税种分类主要有：

（1）按课税对象分类：

① 流转税。是以商品生产流转额和非生产流转额为课税对象征收的一类税。流转税是我国税制结构中的主体税类，税种。

② 所得税。亦称收益税，是指以各种所得额为课税对象的一类税。

所得税也是我国税制结构中的主体税类，包括企业所得税、个人所得税等税种。内外资企业所得税率统一为 25%（《企业所得税法》）。另外，国家给予了两档优惠税率：一是符合条件的小型微利企业，减按 20% 的税率征收；二是国家需要重点扶持的高新技术企业，减按 15% 的税率征收。

③ 财产税。是指以纳税人所拥有或支配的财产为课税对象的一类税。

④ 行为税。是指以纳税人的某些特定行为为课税对象的一类税。我国现行税制中的城市维护建设税、固定资产投资方向调节税、印花税、屠宰税和筵席税都属于行为税。

⑤ 资源税。是指对在我国境内从事资源开发的单位和个人征收的一类税。我国现行税制中资源税、土地增值税、耕地占用税和城镇土地使用税都属于资源税。

（2）按计算依据分类：

① 从量税。是指以课税对象的数量（重量、面积、件数）为依据，按固定税额计征的一类税。如我国现行的资源税、车船使用税和土地使用税等。

② 从价税。是指以课税对象的价格为依据，按一定比例计征的一类税。如我国现行的增值税、营业税、关税和各种所得税等税种。

（3）按管理和使用权限分类：

① 中央税。是指由中央政府征收和管理使用或由地方政府征收后全部划解中央政府所有并支配使用的一类税。如我国现行的关税和消费税等。这类税一般收入较大，征收范围广泛。

② 地方税。是指由地方政府征收和管理使用的一类税。如我国现行的个人所得税、屠宰税和筵席税等。这类税一般收入稳定，并与地方经济利益关系密切。

③ 中央与地方共享税。是指税收的管理权和使用权属中央政府和地方政府共同拥有的一类税。如我国现行的增值税和资源税等。这类税直接涉及中央与地方的共同利益。这种分类方法是实行分税制财政体制的基础。

（4）按征收形态分类：

① 实物税。是指纳税人以各种实物充当税款缴纳的一类税。如农业税。

② 货币税。是指纳税人以货币形式缴纳的一类税。在现代社会里，几乎所有的税种都是货币税。

（5）按税率的形式分类：

① 比例税。即对同一课税对象，不论数额多少，均按同一比例征税的税种。

② 累进税。是随着课税对象数额的增加而逐级提高税率的税种。包括全额累进税率、超额累进税率、超率累进税率。

③ 定额税。是对每一单位的课税对象按固定税额征税的税种。

（6）按税收负担能否转嫁为标准分类：

① 直接税。是指纳税人本身承担税负，不发生税负转嫁关系的一类税。如所得税和财产税等。

② 间接税。是指纳税人本身不是负税人，可将税负转嫁与他人的一类税。如流转税和资源税等。

⠸ 二、财税政策与国债投资

在现实生活中，一个人的钱不够用，他可以跟另外一个人借，两者间就建立起了最简单的债务关系。但当一个国家缺钱的时候，应该怎么办呢? 答案很简单，就是向包括国内外的公民、法人其他组织，或是某一国家、地区的政府及国际金融组织借款。于是，国家与其之间的债务关系就出现了，我们把这种以国家为债务人的债务关系，统称为国债。

国债，又称国家公债，是国家以其信用为基础，按照债的一般原则，通过向社会筹集资金所形成的债权债务关系。顾名思义，国债是由国家发行的，它是中央政府为筹集财政资金而发行的一种政府债券，是中央政府向投资者出具的、承诺在一定时期支付一定利息和到期偿还本金的债权债务凭证。由于国债的发行主体是国家，所以具有最高的信用度，是最安全的投资工具。

1. 国债与税收

央行货币政策委员会委员李稻葵曾经在公开场合表示: 国债发行是促进资本市场发展的必要条件，我国国债的发行量不够, 影响经济发展。

这样看来，我国对于国债的发行量在现阶段都会有继续增长的势头，当然这并不是意味着盲目增长。对于日益增长的国债，大家都不免会有疑惑——究竟如何兑现如此大规模的债务呢?

有人会说，用投资赚来的钱来弥补; 有人会说，国债的还款期大多数都是长期的，可以抽取其中一部分先偿还到期的。还有一个可用来偿还国债利息的资金就是可动用性较大的税收。

从偿还本息这个层面上说，税收和国债的关系就是指国债是以税收为债务人。偿还国债利息很需要税收这个"钱袋"，有了税收这个"钱袋"的配合和帮忙，国债发行才会更顺利、更大规模地推行，政府才能更好地弥补财政赤字或筹集必需的建设资金，最后作用于国家经济。

从国家经济层面上说，税收和国债就是一个同舟共济的兄弟，共同推进国家建设和经济的增长。它们共同组成国家财政收入，以强有力的资金用于基础设施建设、技术改造、农林水利设施建设、环境保护以及教育、社会保障等领域。

有趣的是，两者可能就是因为这层"血浓于水"的关系，所以购买国债都是不用缴利息税的。

2. 国债风险

国债被认为是最安全的投资工具，那么国债是否就全无风险？考虑国债的风险问题，我们先讲讲国家信用。

债务上升到国家与国家之间也离不开信用问题。要确定是否投资一国国债，就需要大量的专业调查和分析，以确定一个国家的信用等级。为了适应这类金融创新，一种专业的评级机构便应运而生，分别是标普、惠誉和穆迪。它们不但做公司的评价，也做国家的信用评级。

美国作为这些评级机构的自家大本营，享有最高的等级 AA+，中国也具有较高的信誉等级 AA-。AA- 的信用等级，意味着中国宏观经济前景不错，可以大胆去买中国国债。

无论如何，购买国债还是存在一定的风险，主要集中在两点：加息和时间成本。购买国债与存银行定期一样，如果银行的利息升了，那么就意味着你的债券利息收入减少；同时持购债券的投资者通常需要较长的周期，三五年不等，甚至是更长的一段时间。如果你中途有急事需要支取的话，还要蒙受一定的利息损失。因为国债购买者只有在债券到期时才能连本带利收回资金。

其实，这种风险是无可避免的，国债存在的风险，还是相当小的。

一般来说，只要国家政权还存在，国家就有能力把钱返还给你。

三、国债理财实战操作

许多债券投资者都有一个困惑，就是当自己想要购买国债的时候，却出现无法购买的情况。特别是对于国债这种非常稳定、收益可观的产品。

投资者要想了解国债的发行，可通过各类网站查询到国债的发行，也有一些官方的网站，可以帮助我们快速查询国债发行。

中国债券信息网是较为官方的债券发行资讯网站，信息一般较准确，投资者可关注网站更新，了解债券发行信息。

（1）进入中国债券信息网站首页，查看与国债相关信息，如图 7-1 所示。

> 图 7-1　中国债券信息网首页

（2）在重点关注与国债地方债发行栏中我们了解到国债发行计划，单击超链接，查看详情，如图 7-2 所示。

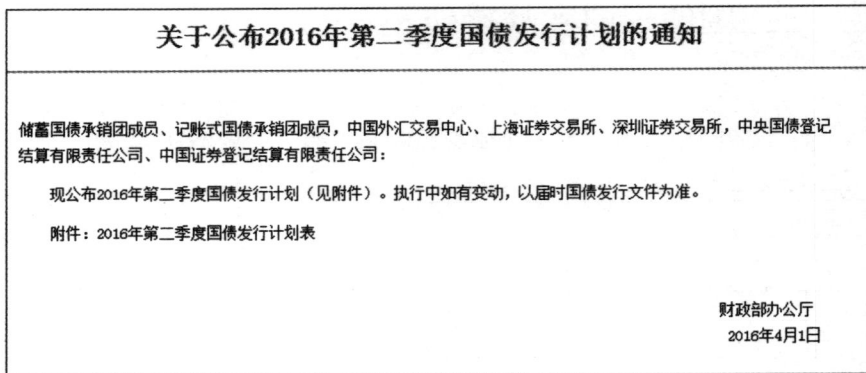

关于公布2016年第二季度国债发行计划的通知

储蓄国债承销团成员、记账式国债承销团成员，中国外汇交易中心、上海证券交易所、深圳证券交易所，中央国债登记结算有限责任公司、中国证券登记结算有限责任公司：

现公布2016年第二季度国债发行计划（见附件）。执行中如有变动，以届时国债发行文件为准。

附件：2016年第二季度国债发行计划表

财政部办公厅
2016年4月1日

> 图 7-2　查看详情

投资者可根据国债的发行计划，合理安排资金的使用，实现收益的最大化。

记账式国债是在证券交易所交易的，所以投资者也可以在证券网站查询。我们看证券交易所查询债券信息。

（3）进入上证债券信息网，在"通知"栏和"国债预发行专栏"，了解国债发行，如图 7-3 所示。

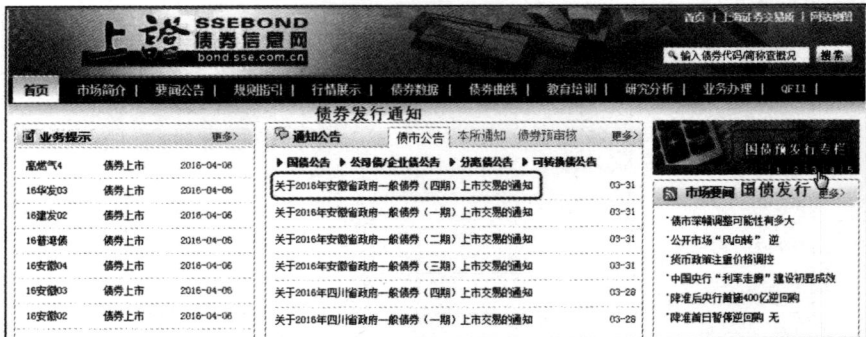

> 图 7-3　了解国债发行

（4）单击"国债预发行专栏"按钮，了解发行计划，如图 7-4 所示。

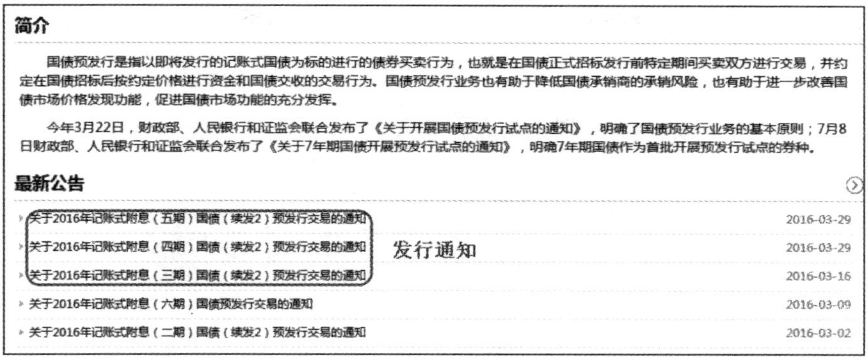

简介

国债预发行是指以即将发行的记账式国债为标的进行的债券买卖行为，也就是在国债正式招标发行前特定期间买卖双方进行交易，并约定在国债招标后按约定价格进行资金和国债交收的交易行为。国债预发行业务也有助于降低国债承销商的承销风险，也有助于进一步改善国债市场价格发现功能，促进国债市场功能的充分发挥。

今年3月22日，财政部、人民银行和证监会联合发布了《关于开展国债预发行试点的通知》，明确了国债预发行业务的基本原则；7月8日财政部、人民银行和证监会联合发布了《关于7年期国债开展预发行试点的通知》，明确7年期国债作为首批开展预发行试点的券种。

最新公告

▶ 关于2016年记账式附息（五期）国债（续发2）预发行交易的通知	2016-03-29
▶ 关于2016年记账式附息（四期）国债（续发2）预发行交易的通知	2016-03-29
▶ 关于2016年记账式附息（三期）国债（续发2）预发行交易的通知	2016-03-16
▶ 关于2016年记账式附息（六期）国债预发行交易的通知	2016-03-09
▶ 关于2016年记账式附息（二期）国债（续发2）预发行交易的通知	2016-03-02

发行通知

> 图 7-4 具体详情

（5）单击通知了解详情，如图 7-5 所示。

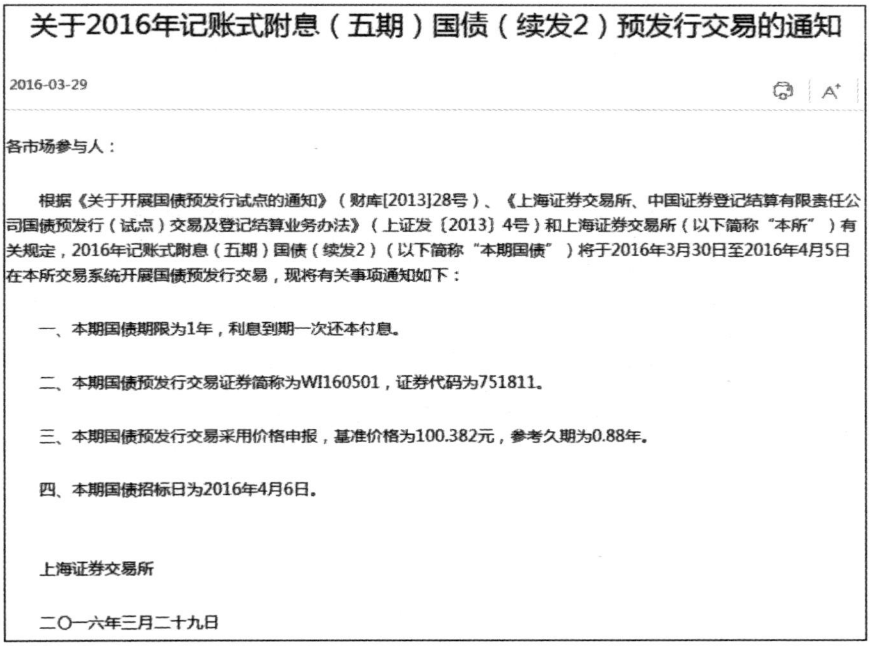

关于2016年记账式附息（五期）国债（续发2）预发行交易的通知

2016-03-29

各市场参与人：

根据《关于开展国债预发行试点的通知》（财库[2013]28号）、《上海证券交易所、中国证券登记结算有限责任公司国债预发行（试点）交易及登记结算业务办法》（上证发〔2013〕4号）和上海证券交易所（以下简称"本所"）有关规定，2016年记账式附息（五期）国债（续发2）（以下简称"本期国债"）将于2016年3月30日至2016年4月5日在本所交易系统开展国债预发行交易，现将有关事项通知如下：

一、本期国债期限为1年，利息到期一次还本付息。

二、本期国债预发行交易证券简称为WI160501，证券代码为751811。

三、本期国债预发行交易采用价格申报，基准价格为100.382元，参考久期为0.88年。

四、本期国债招标日为2016年4月6日。

上海证券交易所

二〇一六年三月二十九日

> 图 7-5 通知详情

（6）在单击"国债预发行专栏"按钮后，投资者能够发现"交易服务"项，旗下包括多项服务，投资者可单击了解、认识，如图7-6所示。

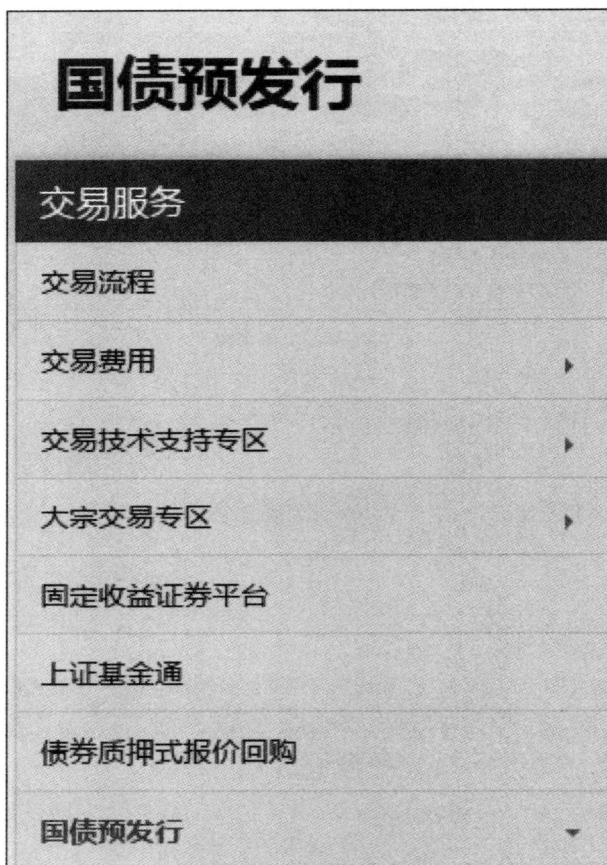

> 图7-6　"交易服务"项

（7）投资者选择"交易流程"选项，可了解交易开户的过程及交易过程。投资者可根据步骤开户、交易，如图7-7所示。

（8）选择"交易费用"选项，了解各项交易费用。其中包括上交所收费、上交所代收费，如图7-8所示。

```
填写证券账户开户登记表  ◄──────────────────┐
        │                               │
        ▼                               │
   出示有关证件、文件              ┌─────────────┐
        │                         │  重新开户   │
        ▼                         └─────────────┘
      缴纳开户费                        ▲
        │                               │
        ▼                               │
   取得证券账户卡  ──────────────►    挂失
        │
        ▼
   选择证券营业部
        │
        ▼
    签订有关协议
        │
        ▼
   开立资金账户
        │
        ▼
  委托买卖指令申报
        │
        ▼
   电脑主机撮合
      ┌──┴──┐
      ▼     ▼
    成交   不成交
      │
      ▼
    交割
```

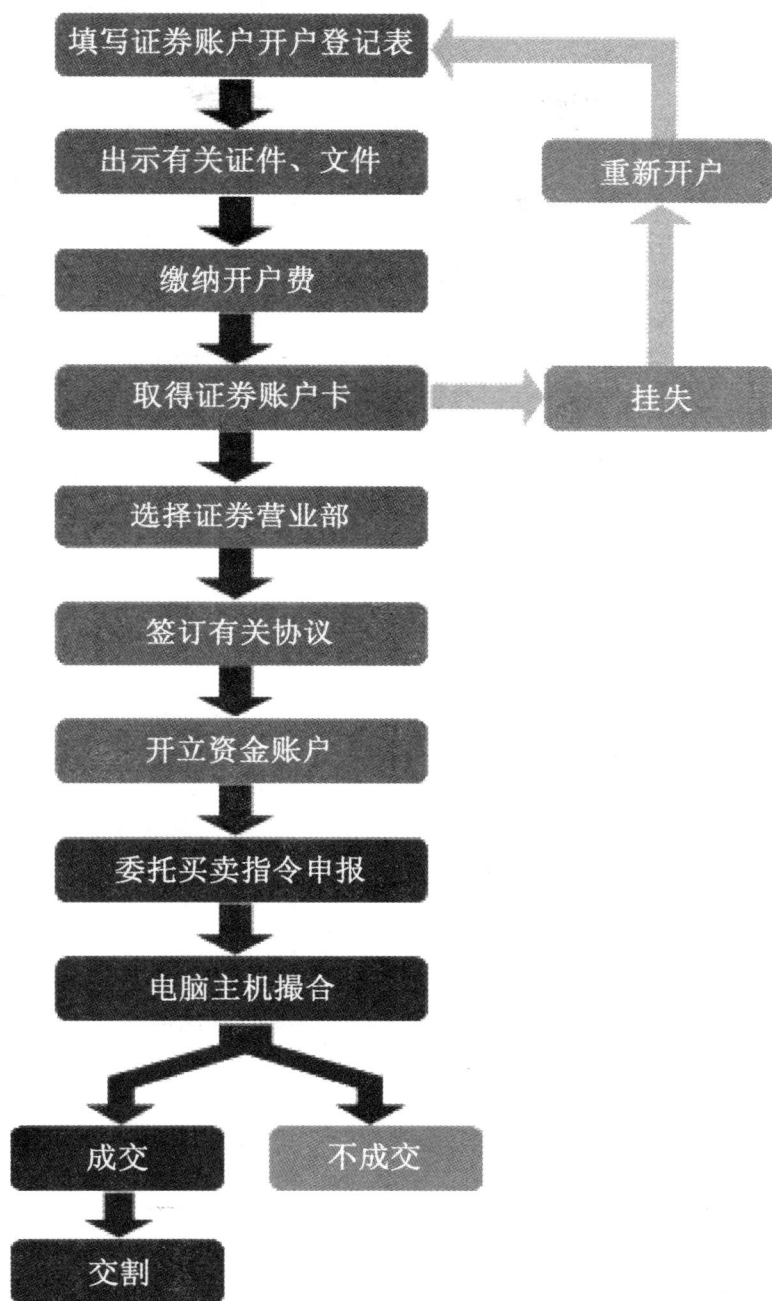

> 图 7-7　查看交易流程

	业务类别		收费项目	收费标准	最终收费对象
交易	A股		经手费	成交金额的 0.00487%（双向）	会员等上交交所
	B股		经手费	成交金额的 0.00487%（双向）	会员等上交交所
	优先股		经手费	成交金额的 0.0001%（双向）	会员等上交交所
	基金（封闭式基金、ETF、LOF）		经手费	成交金额的 0.0045%（双向），货币ETF、债券ETF暂免	会员等上交交所
	权证		经手费	成交金额的 0.0045%（双向）	会员等上交交所
	债券现券（含资产支持证券）*		经手费	成交金额的0.0001%（双向）（固定收益平台现券交易，最高不超过100元/笔）	会员等上交交所
	债券质押式回购、国债天新式回购、债券质押式协议回购*		经手费	暂免	会员等上交交所
	质押式报价回购		经手费	暂免	会员等上交交所
	股票质押式回购		经手费	按每笔初始交易金额的0.001%收取，起点5元人民币，最高不超过100元人民币	会员等上交交所
	资产管理计划份额转让		经手费	按转让金额的0.00009%的标准向转让双方收取转让经手费，最高不超过100元/笔	会员等上交交所
	约定购回式证券交易		经手费	按现有股票、基金或债券现券交易收费标准在初始交易及购回交易中收取	会员等上交交所
	大宗交易（含大宗专场）	A、B股	经手费	相对于竞价市场同品种费率下浮 30 %	会员等上交交所
		基金（封闭式基金、ETF、LOF）	经手费	相对于竞价市场同品种费率下浮 50 %（双向）	会员等上交交所
		优先股	经手费	成交金额的0.0001%的90%，最高不超过100元/笔（双向）	会员等上交交所
		债券现券（含资产支持证券）	经手费	成交金额的0.0001%（双向）（最高不超过100元/笔）	会员等上交交所
	期权		经手费	合约标的为股票的，交易经手费为每张3元；合约标的为交易所交易基金的，交易经手费为每张2元；暂免收取卖出开仓交易经手费	会员等上交交所
	国债预发行		经手费	暂免	会员等上交交所
	股份协议转让		经手费	同二级市场交易经手费，双向收取，单向每笔最低50元，最高10万元	协议双方交上交所

> 图 7-8 交易费用

　　在"交易费用"选项下，我们知道，国债的预发行经手费是暂免的，但作为债券现券的经手费则是：成交金额的 0.0001%（双向）（固定收益平台现券交易，最高不超过 100 元 / 笔）。也就是说国债的发行是免费的，但在市场上的交易会产生一笔交易费用。投资者应注意区别。

读 者 意 见 反 馈 表

亲爱的读者：

感谢您对中国铁道出版社的支持，您的建议是我们不断改进工作的信息来源，您的需求是我们不断开拓创新的基础。为了更好地服务读者，出版更多的精品图书，希望您能在百忙之中抽出时间填写这份意见反馈表发给我们。随书纸制表格请在填好后剪下寄到：北京市西城区右安门西街8号中国铁道出版社综合编辑部 张亚慧 收（邮编：100054）。或者采用传真（010-63549458）方式发送。此外，读者也可以直接通过电子邮件把意见反馈给我们，E-mail地址是：lampard@vip.163.com。我们将选出意见中肯的热心读者，赠送本社的其他图书作为奖励。同时，我们将充分考虑您的意见和建议，并尽可能地给您满意的答复。谢谢！

所购书名：_____

个人资料：

姓名：_____ 性别：_____ 年龄：_____ 文化程度：_____

职业：_____ 电话：_____ E-mail：_____

通信地址：_____ 邮编：_____

您是如何得知本书的：

□书店宣传 □网络宣传 □展会促销 □出版社图书目录 □老师指定 □杂志、报纸等的介绍 □别人推荐
□其他（请指明）_____

您从何处得到本书的：

□书店 □邮购 □商场、超市等卖场 □图书销售的网站 □培训学校 □其他

影响您购买本书的因素（可多选）：

□内容实用 □价格合理 □装帧设计精美 □带多媒体教学光盘 □优惠促销 □书评广告 □出版社知名度
□作者名气 □工作、生活和学习的需要 □其他

您对本书封面设计的满意程度：

□很满意 □比较满意 □一般 □不满意 □改进建议

您对本书的总体满意程度：

从文字的角度 □很满意 □比较满意 □一般 □不满意
从技术的角度 □很满意 □比较满意 □一般 □不满意

您希望书中图的比例是多少：

□少量的图片辅以大量的文字 □图文比例相当 □大量的图片辅以少量的文字

您希望本书的定价是多少：

本书最令您满意的是：

1.
2.

您在使用本书时遇到哪些困难：

1.
2.

您希望本书在哪些方面进行改进：

1.
2.

您需要购买哪些方面的图书？对我社现有图书有什么好的建议？

您更喜欢阅读哪些类型和层次的理财类书籍（可多选）？

□入门类 □精通类 □综合类 □问答类 □图解类 □查询手册类

您在学习计算机的过程中有什么困难？

您的其他要求：